优秀是教出来的(II)

教出优秀孩子的11个要素

THE EXCELLENT 11

Qualities Teachers and Parents Use to Motivate, Inspire, and Educate Children

[美] 罗恩·克拉克 著　卜煜婷 译　闫皓 审校

電子工業出版社
Publishing House of Electronics Industry
北京·BEIJING

版权贸易合同登记号　图字：01-2005-6319

图书在版编目（CIP）数据

优秀是教出来的. Ⅱ，教出优秀孩子的 11 个要素 /（美）罗恩・克拉克（Ron Clark）著；卜煜婷译. —北京：电子工业出版社，2018.11

书名原文：The Excellent 11: Qualities Teachers and Parents Use to Motivate, Inspire, and Educate Children

ISBN 978-7-121-34341-4

Ⅰ. ①优… Ⅱ. ①罗… ②卜… Ⅲ. ①小学教育－经验－美国 Ⅳ. ①G629.712

中国版本图书馆 CIP 数据核字(2018)第 117573 号

策划编辑：杨振英
责任编辑：杨振英
印　　刷：三河市华成印务有限公司
装　　订：三河市华成印务有限公司
出版发行：电子工业出版社
　　　　　北京市海淀区万寿路 173 信箱　　邮编 100036
开　　本：720×1000　1/16　印张：11.5　字数：166 千字
版　　次：2018 年 11 月第 1 版
印　　次：2021 年 7 月第 5 次印刷
定　　价：55.00 元

凡所购买电子工业出版社图书有缺损问题，请向购买书店调换。若书店售缺，请与本社发行部联系，联系及邮购电话：（010）88254888，88258888。

质量投诉请发邮件至 zlts@phei.com.cn，盗版侵权举报请发邮件至 dbqq@phei.com.cn。

本书咨询联系方式：（010）88254199，sjb@phei.com.cn。

自序

欧文斯女士可真是快把我吓死了。

欧文斯女士在我上高中时教授我生物、化学和物理，那三年我完全被她的威严震慑着。每天我走进欧文斯女士的教室时都会看到她那严肃的面孔。她的眼睛似乎能够洞察一切，灰发向上翘着，这一切使她那原本就高大的身躯显得更加可怕。每次一见到她我就害怕。

然而，她的外表，还仅仅是个开始。欧文斯女士是我见到过的对学生要求最严格的老师。她经常用她的女低音宣布："我坚决要求你们都要成功，现在专心学习吧!"她的考试非常严格，上她的课记笔记是一件极其痛苦的事情。第三节课后我得跑着去她上课的教室，然而还没等我跑到，尽管上课铃声还没有响起，她就已经开讲了。我和同学们一个个跌跌撞撞地跑进来，气喘吁吁地坐到座位上开始听课。在她的教室里，四面墙壁都挂着黑板，她在黑板的每一寸空间上都写满板书，她一直滔滔不绝地讲授着克、分子和重量。偶尔停顿片刻，她会挺直腰板儿，巡视四周，最后满怀期望地说道："我需要更多的黑板空间。"

毕竟我还是熬过了那三年。当我开始教学生涯时，我惊奇地发现，自己从欧文斯女士那里得到的最重要的启发就是：和孩子们打交道，你首先要有激情。我从欧文斯女士那里学到的东西，远远超过了我所接触过的其他老师。当我升入大学时，所有自然科学类的课程对我来说都是“小菜一碟”。每当我参加考试时，欧文斯女士的身影都会浮现在我眼前，从电子到细胞讲解个不停。她在学科教学中所体现出的激情和热情感染着我们，我们都以超过其他学科三倍的努力去学习她的课程。记得有一次欧文斯女士背部病痛得很厉害，她躺在担架车上（绝非夸张）来到学校，平躺着，自己转动着担架车的轮子在教室里转来转去，从一块黑板转到另一块黑板。她说，除了死亡，没有什么能够阻止她教育自己的学生。

当我开始教学时，我也尝试着让热情和信念与我相伴。同时，我还努力地融入另一个重要的情感因素：同情。至今我仍能记得自己第一天上幼儿园时的情景。我哭着不让妈妈离开，我的老师克拉克女士尽力安慰我。克拉克女士人到中年，面容和善，一双手很温柔，对人也很热情。她俯身注视着我，告诉我鞋带没有系好。我告诉她我不知道怎么系鞋带。她微笑着说：“为什么你现在不试一试呢？愿意做一做吗？”她开始帮我系鞋带，几分钟后她说：“你看，你能够系好你的鞋带，而这只是今年你将学着做好的许多事情中的一件。”我仰望着她，眼泪干了，而这时我妈妈已经悄悄地走了，我自己迈出了人生的一步。后来妈妈告诉我，她坐在停车场整整哭了一个钟头，但我为她没有回来而感到高兴。克拉克老师亲切甜美的声音征服了我，在她的教室中我感受到了安全和关爱。

自 序

回首学生时代，我发现教过我的老师们身上具有非常多的优秀品质。我记得二年级时我非常喜欢罗琪女士，因为在她的课堂上我每天都精力充沛。那就好像一个接着一个的探险，总是出乎我的意料却又让我兴奋不已。一天，我告诉罗琪老师我酷爱的歌曲是《恐怖之城》，并向她请示是否可以把这首歌的录音带带到班里与同学们分享。听到她的回答我惊呆了："除非你愿意在所有同学面前与我一起跳舞，并向大家展示'恐怖'是如何形成的。"我同意了，第二天我们果真一起起舞，跳啊，笑啊，直到我们两人笑得筋疲力尽，躺倒在地板上。

我最好的老师就是我的父母，他们教给我教育孩子时必不可少的优秀品质。在这一方面，我父母对我的影响远远超过了其他人。他们不断提醒我记住：表达感激之情的重要性及其持久作用；常识的价值；在我们所有人的生活中幽默与欢笑的必要性。他们是如此爱我，与我亲密无间。他们为我做出了巨大的牺牲，为引领我走上最佳发展之路进行了积极的努力，我永远无法向他们充分表达自己的感激之情。

过去的一年，我获得了去全美国旅行的机会。我离开了自己的教室，走进他人的教室，向教师和家长们发表演讲，了解美国的教育情况。这真是美妙而壮丽的旅程，即便周游世界，恐怕也难以有如此多的收获。在我深入 49 个州的学校和学区的旅行中，我遇到了那么多的人，他们同样拥有我的老师和父母所具有的特殊素养。在见到了如此多的不同寻常的优秀人物之后，我总结出了 11 项素养。这些素养似乎是所有的优秀教师、家长和学生身上共同具有的。这些素养既是我从别人身上观察到的，也是我认为要成为卓越教师所必须具备的。

我希望我的书能成为你的向导，不仅帮助你找到这些素养，而且能在你的孩子和学生的心灵与头脑中培育出这些素养。

如何教出优秀的学生

教出优秀的学生，是每位教师一生中最有成就感也最具挑战的事情。教师为学生竭尽全力，但最美好的愿望不一定能带来最好的结果。

在和学生相处的过程中，身为教师的您是否遇到过以下困扰：

学生对学习淡漠、消极

教学热情总是被学生给“浇灭”

学生缺乏自信

难以赢得学生的尊重

……

而在教学过程中，身为教师的您是否也希望解决以下问题：

如何让自己的课堂变得具有创造力

如何让学生懂得反思、学会反思

怎样让学生既喜欢亲近自己，又尊重自己的权威

如何处理好与学生的关系

家长和教师在面对学生之间的冲突时应该怎么做

如何激发学生在学校的潜能

……

教出优秀孩子的11个要素是教师必修课——从此轻松面对来自教学中的挑战：

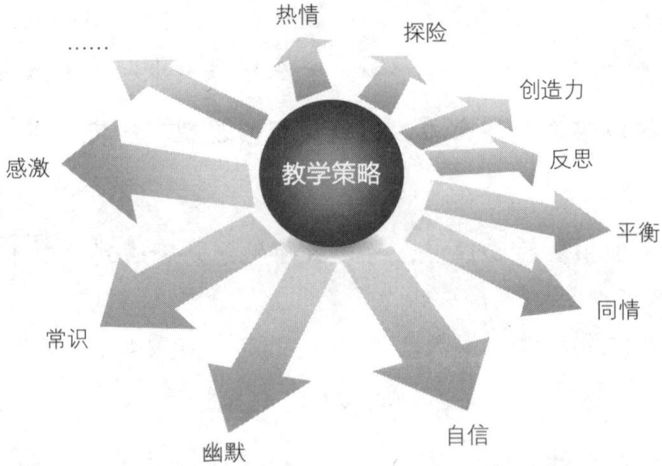

通过头脑风暴、情景再现、交流讨论、案例学习等活动，分析感悟学生的想法、感受、决定，更深入地了解学生行为背后的信念，在课程中演练实际的教学困惑，使自己成为智慧型教师。

要想教出优秀的学生，老师要做到：

★ 找到自己的风格，发现风格中的天赋和缺陷。

★ 学会转移学生的注意力，弥补缺陷、放大潜能。

★ 面对学生的挑战性行为，能够知道如何去寻找问题的根源所在。

★ 能够辨识不同的教学策略及工具，并在不同的场景下进行选择应用。

目　录

1 热情 \ 1

2 探险 \ 17

3 创造力 \ 37

4 反思 \ 58

5 平衡 \ 76

6 同情 \ 84

7 自信 \ 102

8 幽默 \ 114

9 常识 \ 125

10 感激 \ 139

11 通达 \ 157

结束语 \ 165

附录 A 实地考察提案 \ 166

附录 B 有关实地考察的常见问题解答 \ 168

1 热情

你的热情将会感染、激励和吸引他人。他们将为此而爱戴你，他们将为此愿意伴随你前行。

——诺曼·文森特·皮尔①

① 诺曼·文森特·皮尔（NormanVincentPeale，1898—1993），美国著名牧师、教育家、励志作家，著有《积极思考就是力量》等书。——编者注

将这一素养列在首位是有原因的，没有什么事情比拥有热情更重要了。假如你是一名教师，如果你对教学充满渴望与兴奋，学生们就会对学习你所教的课程兴奋无比。假如你是一名家长，如果孩子们感到对你来说他们非常重要，而且你能从他们身上获得活力。那他们就会对身边的事物给予更多的关心。孩子们是敏感的，当他们通过观察成人的一举一动来获得指导的时候，我们必须鼓励和鞭策他们，使他们渴望学习，期盼成功，努力成为他们能够成为的最优秀的人。

还有什么事情比拥有热情更重要吗？

↓

热情是一切的开始！

在北卡罗来纳州，人们很重视学年期末考试的成绩。当一个学年结束、即将听到考试结果时，我们这些教师和职员的神经都很敏感，急切地想知道我们学校是被评为“表现（绩效）中下”“有所进步”，还是成为“示范学校”。

我们所在的是经济欠发达的地区，我们总是想要和我们的学生一起赶上来，尽我们最大的努力帮助他们达到年级平均水平。几年来我们取得了显著的进步，但是学生们的成绩却依然没有达标。这使所有的教师倍感挫折，士气低落。部分教师的教学取得了优异的成果，但是我们看上去始终未能整合这些成果并推广到全校。终于，在我任教于斯诺登小学的第四年，我们的学校被命名为“示范学校”了。这对教职工是巨大的鼓舞，我们全都为此兴奋不已，想要做些事情向学生们显示——他们的成功对于我们来说具有多么重大的意义。

我们想出的创意都需要很多钱，由于年终已到，我们的方案看上去都难以实现。一组同事提议，举办一场“教师才艺秀”，通过表演向学生们致意，这主意非常棒！我们将扮成那些从20世纪60—90年代最受喜爱的音乐明星，而且还要对好口形，面对从学前班到八年级的全体学生进行表演。我强调要使这件事情成为一个惊喜，因此大家一致同意不告诉学生们将要发生什么。我们将要做的只是在那天把学生们带进体育馆，并给他们送上这个极大的惊喜！

我们的主意很好，却有个问题：许多教师不愿意这样做。他们认为这样看上去很傻，并会在学生中丧失威信。他们说这么干太费事了，他们没有服装，而且不知道任何歌曲的歌词，也没有时间排练。再加上如果全体教师都到后台的话，将没有人去照管学生们。因此，关于这场演出，大家的意见分成了两派：一方面是沮丧悲观、毫无斗志，而另一方面，我所在的教师团队却充满了热情、执着甚至有些亢奋。我们鼓励其他教师鼓足勇气，并帮助他们找到服装，配好音乐。

有一位教师，芭格勒女士，非常抵触这项活动。她并非学生们喜欢的教师，由于基本上是整天坐在她的讲桌后面，因此她被学生们赠予“面口袋”的称号。她说自己根本无法走上舞台，但我深知如果她能参与，那她一定会获得孩子们的喜爱。有一个教师小组想要表演查理·布朗[①]和史努比的情景剧，我建议芭格勒老师在其中扮演一个“学生”，坐在书桌前，和其他的“学生”一起向“教师”扔纸团。我做了大量的劝说工作，最终她同意了我的建议。

渐渐地，热情的老师们开始向周围其他的教职员工传播他们的能量。我们提醒每个人记住，这场表演是为了什么；我们告诉大家，这场演出将对学生们产生多大影响。我们向他们显示，对于这次演出我们是多么兴奋，同时也略微施加一点儿压力让他们去参与。当他们听说别人有多么好的创意、投入了多么大的努力在自己的表演之中时，他们中更多的人也就更加想要成为整个演出的一部分。由于每个人都投身其中，所以每个人也都热情洋溢，没有一个人甘愿被落下。

① 查理·布朗（CharlieBrown），漫画故事《史努比》中的人物，史努比的小主人。——编者注

这时出现了最后一个障碍：一位名叫布罗卡的女教师想要演唱《没有高不可攀的山峰》这支老歌，需要这首歌的音乐伴奏，然而没有人能找到伴奏的磁带。布罗卡说她从头到尾记住了歌词，如果能够找到伴奏，她将献上终生难逢的演唱；如果没有音乐伴奏，她就不能参加这次活动了。好大的难题啊！戏剧性的是，太幸运了，我老爸曾经在 20 世纪 70 年代当过音乐节目主持人。我独自一人翻遍了一盒子又一盒子的他的老录音带，当最终找到了那首歌的音乐磁带时，我感到好像自己真的攀登到了高山的顶峰！第二天，我走到布罗卡女士面前把磁带拿给她看。她感到震惊，同时也有些焦虑，但她看上去确实非常兴奋。

演出的日子很快就来到了。就像任何一所学校一样，将要举行神秘活动的消息已经传开了，但是学生们都说不清那将是什么样的活动。学生们看到了一些迹象：一条羽毛装饰的围巾从伍拉德老师的小汽车里露了出来；教师们来回来去地传递着录音机与磁带；威尔逊老师一边向周围张望，一边摇摆着头，双脚轻盈地移动着舞步；每个教职工行走间都透着一股兴奋劲儿。我们在午饭时间告诉孩子们，他们随后要到体育馆去享受一份惊喜，但是任何不当行为都会破坏大家的喜悦。家长和代课教师看护着班级，而我们自己则悄悄地进入后台。不一会儿，我们的娱乐演出开始了。当幕布拉开，学生们被告知：他们将亲身见证老师们的馈赠，而这正是对他们一年来所付出的努力和所获得的荣誉的回报。他们还被告知：这是老师们送给他们的礼物，因为老师们感激并赞赏他们中的每个人；之所以这么做，正是因为老师们关心着斯诺登小学的全体学生。随后，奇迹降临了。老师们站在学生们面前，展示出从未有过的热情和照人的光彩——服装美丽炫目，人人能歌善舞。索依尔女士模仿黛安娜・罗丝[①]，琼斯女士模仿奥莉维亚・纽顿・约翰[②]的一曲《油腔滑调》震住了所有的人，泽费斯女士与其他三个人组成“辣妹组合”受到了全场观众的喜爱，当布罗卡女士演唱《没有高不可攀的山峰》时，全

① 黛安娜・罗丝（DianaRoss），美国黑人女歌星。——编者注

② 奥莉维亚・纽顿・约翰（OliviaNewton-John），美国歌星。——编者注

场都欢呼沸腾了。要知道，付出一切努力之后，布罗卡并没有真的掌握全部歌词，但她自信地进行表演，欢笑着唱完了这首歌。孩子们肯定喜欢这些节目，他们的行为十分出色——大声地鼓掌，全神贯注地看表演，还多次全场起立欢呼，来表达他们的敬意和感激。

那天之后，我们的学校出现了一些变化。师生之间更加亲近了，每个人看上去都更加愉快了，而我们的纪律问题也大大减少了。曾有人说，假如教师又唱又跳，就会丧失学生们的尊重；但是，恰恰相反，学生们看起来更加尊重与爱戴我们了。

热情是强有力的事物，它有一种感染力。当你能够运用这种力量去激励他人时，你也正影响着远远超过你所知道的更多的人。时至今日，当地的那些学生们依然谈论着我们的那场演出。他们说永远不会忘记它。无论你是一名家长还是一名教师，你都应该用你的热情去鼓励并尽可能地影响更多的孩子。不要让别人拒绝你的要求，当有人阻碍了你前进的步伐时，你要竭尽全力，说服他们同你一起攀登前面的山峰。

拥有热情就万事大吉了吗？

↓

你需要将热情转化为能量！

拥有巨大的热情和能量是一回事，运用这种热情和能量去实现变化则是另一回事。

当我在北卡罗来纳州教书时，那里有一位名叫鲍德勒的充满激情的年轻女教师。她渴望成为自己能够做到的最优秀的教师，每天她都为了让她的教室里充满欢乐而辛勤实践，穿着打扮尽量显示个性，并带来各式各样的道具，设计多姿多彩的游戏。尽管如此，问题还是出现了。与真正解决学生们的教育问题相比，她为“加油”“欢呼”做了更多的工作。

不久她就向我诉说了她的担心：她的学生们在任何考试中表现得都不算好。通常，当类似情况发生在我身上时，我会反问自己两个问题：考试是否充分而恰当地测评了我教授给学生的内容？我是否为教授这些内容做了优质的工作？在鲍德勒女士的案例中，看起来这两方面都存在缺憾。在教学方面她没有做出优秀的工作，尽管在自己的课堂上她倾注了那么多的精力。这正是“车轮飞转却方向不明”。

在我的教室里，我也会付出许多时间活跃课堂气氛，诸如片刻的舞蹈、跳上讲台桌、来个倒立或采取任何行动促使我的学生们提高对学习的兴奋度。但我总是不断提醒自己：无论如何，在滑稽举动的后面，我必须聚焦于教育目标；我必须确信我所做出的每件事情，都不仅能鼓舞我的学生们，而且要与他们面前的挑战对接，帮助他们学好我正在努力教给他们的知识。在我从事教学工作的第一年，我决定给我的学生们一个挑战。我告诉他们，我希望他们按顺序记住美国 42 位总统的名字。他们必须站在教室的前面，说出这些名字，同时讲述和每位总统及每位第一夫人相关的事情。搞懂这些可能挺困难，但我想要帮助学生们具备成功意识，认识到他们是可以“攻克”一些困难的事情的。那个班的大多数学生自尊心不是很强，有的孩子看上去已经放弃自己了。我期待学生们完成一件“大事”，成就某项“伟业”，这样他们才能为自己的成功感到骄傲。我这么干还有另一层原因，当时我教“美国历史”这门课正处在最困难的阶段。就像其他十多岁的孩子一样，学生们对于历史上何时确切发生了何事没有任何概念，就时间而言，他们不知道 50 年以前和 300 年以前有何区别。

在我决定让他们记住总统之前，我曾把一张“历史编年表”挂在教室的前面。表上列出了美国历史上的重大事件，从美国革命直到当今。每天，在我的课程中，我都要指出那些震惊世界的大事，像莱特兄弟的首次飞行，马丁·路德·金的梦想演说，总统肯尼迪的遇刺，以及其他的重大事件。当我从教室的一边走到另一边，指出重点并研讨事件之间的关联时，我相信学生们真的会对美国历史事件的进程有所理解，但遗憾的是，教学并没有达到我的预期效果。学生们始终不能很好地梳理历史事件之间的联系，从而对历史形成整体概念。就是在这时，我决定让我的学生们记住所有总统的名字。围绕“总统”这个主题，学生就能够对我们国家的历史理出一条线索，从我们国家建立的第一天直到现在。我指出，如果他们知道所有的总统，并且能够把每个历史时期的重大事件与当时担任总统的人联系起来，那将会有助于他们理解并记住老师在“历史编年表”上列出的事件。

当我第一次在课堂上说出我对同学们的期望时，他们全都惊诧地说这不可能，而他们的这种反应正是我想看到的。我想让这些孩子认为那是个无法攻克的难题，这样，当他们完成任务时，他们体验到的自豪感就会更强烈。接下来，我告诉他们，我将给出的等级评判只有两个——100 分或 0 分。我告诉他们，就算他们说出了 41 位总统，仅仅忘掉了一位，他们也只能得到 0 分。我知道这听起来太严酷了，但我不想让学生们的思想中有一丝一毫的怀疑，怀疑他们能够用自己的记忆力去记住每位总统的名字。我坚信：作为教师，我们必须树立尽可能高的目标；我们能够从学生们的成长中看到我们所寄予的希望。换句话来说，假如家长和教师没有树立高远的目标，我们的孩子们也就很难有卓越的表现。

给出评价标准以后，我想尽了每个“高招”去激励学生。我自己先要把总统的知识学习得滚瓜烂熟，骄傲地在学生面前背诵，向他们显示这是能够做到的。我表现得自己俨然是“地球王国的国王”，因为我能说出所有的总统。然后，我还编了一首关于总统的“摇滚歌谣”，在课间休息和午餐时间教学生演唱，以引起他们的兴趣。在我讲历史课时，我还模仿不同的总统，并给学生们讲述不同时代发生在总统办公室里的不同寻常的有趣故事。我尽力在学生脑海中建立起作为总统的人与在他总统任期内发生的事之间的联系。没有什么比团队合作更能培养能力，因此我把学生分成 7 人一组的多个小组。当时我教着 63 个学生，我们于是分成了 9 个小组。随后，我为每个小组找了一位教师成员。如果到了月底，一个小组的每个人都能按顺序说出总统的名字，那么该组就能享受一次免费的“比萨宴会”。压力降临了，学生们开始相互测试，在走廊里拦住本组的教师成员提问，互帮互动，反复训练，在电话中进行交流，加倍付出努力，去学好关于总统的知识。这实在是太美妙、太有趣、太令人兴奋了！当不同的学生最终都学会了全部知识时，他们骄傲地背诵着，高昂着头，笑逐颜开。

这个月的最后一天终于到来了，每个孩子站在教室前面，都说出了每位总统的姓名，全班同学为其鼓掌欢呼。我们班学生的水平参差不齐，还有几个学生存在着学习障碍，但是每个孩子都独立完成了任务，凭记忆力说出了每位总统而没有丢掉任何一个名字。我从未见到学生们如此自豪过，那真是一次美好无比的庆典！

我们到社区的比萨餐馆举行庆祝会，餐馆服务员们倾听每个孩子背诵历届总统的名字。在那年后来的日子里，无论我们到哪里去，见到什么人，他们都会听到我们的团队“播放”的“总统名录”。孩子们为此而骄傲，体验到了成就感。更棒的是，历史课程从此变得轻松易学了。学生们怀着浓厚的兴趣，把历史事件相互联系、融会贯通，从而形成并发展了对美国历史的理解。直到今天，当我见到那些学生时，他们依然能够背得出所有的总统名字。其中的很多人还能唱出关于总统的“摇滚歌谣”。

创建并实施“学习总统课程”这个项目，确实需要投入大量的时间、精力。但是，我们的成绩证明，这是完全值得的。教师应该永远清晰地描绘出他们的教育目标，这些目标既是挑战，又能使他们受益无穷。然后，教师将点燃热情之火以照亮每个孩子，鼓励他们去实现这些目标，学好他们所渴求的知识。

如何“创造”热情？

↓

为孩子营造一个能“培育”热情的环境！

一年中，一名教师可能要花费四分之一的时间在教室里进行教学。这简直令人难以置信——在同一个地方度过大量时光。我们总应该做些什么，使教室成为舒适、惬意、激活热情与灵感的教与学的园地。最近，我参观了我的一位朋友基姆·斯蒂沃特老师的教室，我几乎不敢相信，它看上去就像电影《美好家园》中的场景！墙壁喷涂成了紫色和绿色，还挂上了装有画框的图片和一面大镜子；像医生诊断台一样的、长长的讲台上面放着鲜花；地面铺上了地毯。这符合基姆的个性，我可以说，她会为自己是她的教室的主人翁而骄傲。她告诉我，她要在身边环境中感到舒服，因为她知道，在愉快的氛围中，她会更加出色地完成教学工作，学生们也将享受到更多学习的乐趣。

对于大多数教师来说，完成这样的设想是困难的，因为他们不知道来年是否还会在同一个教室教课，或者学校对于在通用教室中可以做些什么有所规定。有些老师被允许粉刷墙壁，前提却是他们同意只能刷原来的颜色并自己付钱。有些校长甚至不愿听到“粉刷”之类的话语。我第一年教书时，真想在我的教室里做些别出心裁的事情。那是个如此沉闷的教室，满是棕灰色，散发着粉笔屑的气味儿。我痛恨这样的环境，我知道我的学生们也有同感。于是，我开车到城里，买来了 36 升靛蓝色的涂料。我决定最好不去向校方请示，而是立即开始粉刷——墙壁、壁柜、书架乃至所有该刷的东西！我干起来了，效果看上去好得很，但是房间中还放着 34 套脏兮兮的旧课桌椅，有的是棕色，有的是绿色，有的是黄色，而且都是不同的样式。这些课桌椅是其他年级挑剩下的。我知道，如果校方威胁说要开除我的话，我还可以把墙壁重新刷成白颜色；但如果贸然油漆这些课桌椅的话，那可就没有退路了。我坐在那里足足考虑了几分钟，然后慢慢拿起刷子涂刷课桌椅的腿儿，靛蓝覆盖上深黄，效果看上去真棒！我刷了每套课桌椅。

几天后，我才准备去见校长。那是我计算好的时刻。当我们打开门一起走进教室时，罗伯逊校长回转身，脸上显出震惊的神情。我用最快的语速解释说："如果这样做不合适的话我可以在年底重新再刷一遍，不过，孩子们会喜爱这样的教室。而我也知道您多少次谈到过要让孩子们对学习感兴趣。这间教室从前是如此的令人生厌，而这些课桌椅又是那么破旧，这样刷一刷以后几年时间您都不用再订新的课桌椅，而我真的感到整个教室看上去好多了……"她站在那儿沉默了好几分钟，然后才说道："克拉克先生，对我来说你真是个该死的家伙。"但从她的声音中，我可以感到她并没有真的生气——尽管我猜想到：她肯定觉得多事的我会缩短她活在世上的日子。

你简直想象不到，开学第一天当孩子们走进教室时，他们那种犹如走进了迪士尼乐园一般的惊喜表情。看到周围明亮的色彩，孩子们都瞠目结舌了。他们喜欢这里，我敢说从那一时刻起，他们全都愿意置身于这个教室中，而我的感受与孩子们相同。

如前所述，并非所有学校都会粉刷教室或者使教室发生永久性的变化，但是，老师确实可以做很多事情来让教室变得更加令人心旷神怡。老师可以在讲桌上摆放家人或友人的照片；用墙纸装饰门或墙壁；制作并张贴有趣的海报；用大家喜欢的颜色把教室装点得更加明亮；在教室中摆放一些绿色植物；等等。我希望每间教室的合适的位置上都能够有些植物，它们能给房间里的人们带来完全不同的感觉。

对于指导孩子的家长和教师而言，非常重要的是，他们指导孩子或帮助孩子完成功课的环境要令孩子们感到舒适和喜欢。桌椅一定要是适合孩子用的，光线要充足而适当，周围不要杂乱无章，字典要放在触手可及的地方，近旁还有钢笔、铅笔、转笔刀、尺子、计算器、录音机和磁带。你不妨开辟一个专门的区域，让孩子们在那里学习，这样，他们的作业将会更容易完成；学习带来的乐趣将会使他们的学习热情倍增，从而推动他们积极地完成作业。

如何点燃学生心灵的热情之火？

↓

让孩子拥有自信、看到成功、产生兴趣并受到赞扬！

当孩子们拥有自信、看到成功、产生兴趣并受到赞扬时，他们就会对学习充满热情。这四个要素能够点燃学生心灵的热情之火，激励他们取得出色的成绩。我所教的每节课，都一定要发掘这四个要素的潜在作用。为树立学生们的自信心，我会对全班说：“我知道你们在这儿将会做得非常好。”我在教学和复习的每个步骤中都坚持这样做，以使学生们每时每刻都能感受到成功。我要让学生们知道，我全身心地热爱我教的课程，并努力使课程趣味盎然，让他们喜欢。最后，我要尽一切可能地表扬全班同学，也表扬每个同学。即便如此，每堂课也还是会有一些学生不为所动。他们对学习不感兴趣，成绩通常低于年级的平均水平，而且大多存在纪律问题。探寻能触动他们的教育方式无疑是巨大的挑战。我发现，有时我消耗过多的授课时间去试图唤醒个别学生时，但班上的其他同学却要为此忍受折磨。怎样才能既满足大多数同学的需求，又不放弃个别的“问题学生”呢？对于我来说，这永远是个难题。因为如果一个学生看上去麻烦越多，我就越想给他更多的帮助。

在纽约我曾教过一个名叫伊曼纽尔的学生。他与他的父母分别多年，和一位毫不情愿为他尽到监护责任的叔叔一起生活。开学前我到他家去家访，伊曼纽尔的叔叔坐在孩子旁边的扶手椅上，不屑地说：“除了捣乱，这个孩子其他方面什么都不行；您整个一年都将为他忙得无法分身。他勉强通过了四年级的考试，我不明白为什么学校没有让他留级。”当他讲话时，我正好看到伊曼纽尔低着头，躲避着我的目光。我决心在那年付出一切努力帮助伊曼纽尔，我要改变他的生活，使他释放出自己的潜力。

学年开始后，我开始明白，自己的任务绝不像想象得那么容易。伊曼纽尔从不做作业，也不在乎我惩罚他午餐时不准出声或放学留校不许回家。他做怪样引起其他孩子哄笑，而且成为每次我不得不返回班里处理混乱的根源。他情绪暴躁，很难平静下来听我的劝告。一天，在开始上课时，我巡视课堂，发现他的座位空着，那一刻我真的感到欣喜，尽管我不好意思承认这一点。一天没有伊曼纽尔，那课上起来肯定就轻松多了。然而，五分钟后他竟走了进来！为什么一个总是引发纪律问题的学生却总是不缺勤？伊曼纽尔坐在他的位子上，我却立刻头疼起来。我确实希望他不要出现。我怎么会出现这样的感觉？我意识到，必须改变我和伊曼纽尔的关系了。

我开始家访，帮助他完成家庭作业。我把他的座位调到教室中间的第一排。课后我把他留下来，让他和我一起为第二天的课程整理教室。我表扬他并在我的课上尽量多叫他回答问题。我已经尽了最大的努力，而他的行为却很难有所改变。他仍然向别的同学挑衅，在操场上引发混乱，不做任何他该做的工作，甚至于没有任何学习上的付出。再审视一下我这段时间的工作，我发现其他同学被我忽视了。最后我领悟到，我不能再在伊曼纽尔身上花费如此之多的时间了，因为班里其他同学正忍受着某种折磨。虽然我依旧做工作改进他的行为，依旧帮助他集中注意力，但是我要限定时间，以便能够满足班里全体成员的需要。年终，这个班的考试成绩非常好，但是伊曼纽尔的成绩却是全年级最后一名。下一年我将要教六年级，我请求校长依旧让伊曼纽尔留在我们班里。虽然我对他的教育暂时失败了，但我希望再得到一次机会。校长同意了我的请求。可是，就在那个夏天，伊曼纽尔搬家了，我再也没有见到他。

我处理这种情况的方法正确吗？我不知道。我清楚自己为此而痛苦不已，从那时起我常常要用很多时间想到伊曼纽尔，思考如何运用不同的方法处理他这样的情况。我知道，假如我是五年级学生的家长，我也不喜欢老师为某一个学生耗费大量的时间，却因此而忽视我的孩子乃至全班其他孩子的需要。当然，我始终怀着强烈的欲望，去帮助那些问题最多的孩子；与此同时，我也在不断努力探索，如何更好地满足更多学生的需要。

我还有一个学生叫耐克，他的情况与伊曼纽尔非常相似。他也是一个“问题大王”——带着一堆包裹在街头露宿、流浪的经历酿成了他一身的毛病。他看上去对我讲的一切都不屑一顾，虽然才上六年级，可他的行为让人觉得他像 18 岁。他的一个主要问题就是对任何学科都很排斥，而内心却缺少自尊自重。我制订了一个计划，让耐克和三个最优秀的同学一起来到礼堂，告诉他们督学要奖励被老师认为在班里最有潜力的四个学生，我要带领他们去领取这一奖励。三个优秀的学生都是女生，听了这个消息她们容光焕发，而耐克尴尬得瞠目结舌。我给他们的家长寄了信，星期五放学后我还带他们四人出去吃比萨。我们开心地聊天，交流了大量的经验，然后我们直奔教育委员会。事先我已给督学寄去了四份证书，和他讨论了我的计划，还有他将要怎样将证书颁发给学生们。我们走进办公室，督学向大家表示：他为具有潜能的学生而骄傲，并向他们颁发证书。学生们高兴得如同总统本人向他们授奖一样。我不知道我的计策是否见效，但我从耐克的面部表情上可以看出，他很高兴，而我挑选他作为“最有潜力”的学生对他来说别具一番意义。第二天，耐克走进教室对我说：“你好！克拉克先生。”他的语音中带着尊敬和感谢。整整一天，他都聚精会神，不停地记笔记，尽到了他最大的努力。

耐克是一个成功的例子。他继续努力，在班里的表现大大改善。加上一定的特殊关注，他犯的错误也减少了很多。他看上去比以前快乐多了。在学习上为他注入热情，使他建立起自信，让他感受到自己具有成功的潜力——我在他身上付出的额外的努力收到了很好的效果。

我们应该怎样做才能既顾及班上其他学生的利益，又能更多地关注那些缺少鼓励的学生们，从而使他们同样拥有学习的热情，这就成了留给每个教师的难题。我的观点是，无论如何，如果你对那些具有挑战性的学生所做的工作过于频繁却力度不足的话，都很难取得良好的效果。我的希望是，每间教室都能涌现出充满能量和热情、辛勤耕耘的教师，与此同时，全体教师都甘愿奉献更多的关注、同情和信心，去帮助那些跌倒过却仍奋斗不止的学生们。

热情引发的化学变化？

↓

热情是幸福和愉悦的催化剂！

我永远不会忘记我第一天实习的情景。当时我的实习任务是教十一年级，共 10 周。实习的基本安排是：我要先听几天课，然后开始独立教授 1 个班级，然后再逐渐开始教授其他班级，到第 8 周我要承担 5 个班级的教学任务。实习第一天，我走进教室，同与我合作的老师交谈。5 分钟之后，那位老师对我说道："罗恩，看起来你很适合教学嘛！干脆你从明天开始把 5 个班级的课都接下来好啦"。我睁大双眼，头脑一片空白，根本不知道当教师是怎么一回事。我只应了一声"好的"。

第二天，我站在教室前面，最初几分钟我的眼里含着泪水，我发现自己的嗓子也哽住了。那个班的学生行为举止非常好，孩子们看上去是在给我勇气，当我开口讲话时他们都微笑着点一点头。要掩饰自己的恐惧和不安，我就只有全身心地投入教学中去。我边讲课边挥动着手臂，从教室的一边走到另一边。我记得我的母亲曾经告诉我，假如不得不在众人面前讲话，那就应尽量利用一些小道具或者用手指点某一样东西。她说，当你指到某一样东西时，每个人都会注视着那样东西，而这将会减轻你的压力。因此。我就尽量在黑板上多写些板书，还展开地图，围着地图和板书不停地讲解。总之，那真是难忘的一课。后来我发现，并非所有班级的学生都像第一个班级的学生那样喜欢我的历史课，学生们表现得越来越差，到第 6 节课的学生们走进来时，我甚至都不敢看他们了。这个班级有 21 个学生在上一次美国历史考试中不及格，显然他们中没有谁在乎下一次是否还会不及格。当学生们进入教室时，一个小家伙径直走到我的面前，用手比划成枪的样子，对着我的脸，用沉闷而古怪的嗓音发出“砰”的一声，吓了我一跳。

在我开始讲课的时候，没有一个学生看着我，有一半学生在聊天，一个“闹将”坐在窗台上向外张望。我叫他下来，其他同学却说：“他总是这么做。他的汽车就停在外面。”我无法让这些孩子静下心来关注自己的学习，但是我的直觉提醒我，应该让自己全身心地投入课程中，向学生们显示出我对教好课程充满了自信。我反复强调了好几次：无论如何，为了毕业他们必须通过历史课的考试，而我愿意帮助他们。我告诉他们，我想要看到他们在毕业那天全都上台去领毕业证书。我还说出这样的话：“我知道，你们对于我教的这些并不感兴趣，但是如果我们一起学习，那么功课可能非常有趣而又简单，而且你们都能得到毕业证书。”他们并不相信，但是我继续不停地在每节课上注入热情，渐渐地我开始捕捉到一些变化，第 6 节课的学生们也开始努力学习了，看起来他们这样做并不仅仅是为了毕业升学，他们也是为了让我高兴，使我感到荣耀。他们感受到了我教学时的热情，我相信这样做对于学生们别有深意；从另一方面看，他们也的确获得了进步。

在我最后 5 个星期的教学中，这些孩子付出巨大的努力去学习，第 6 节课也成为一天中我最喜欢的时间。当最后一天我的课来临时，学生们买来一个气球，系上了他们全体签名的卡片，卡片上写着：“感谢您对我们的信任。”一个气球和一张卡片，看上去似乎微不足道，但它来自这个班的孩子们，对于我来说这意味着整个世界。

让孩子们形成优秀的表现，固然有着许多技巧和方法，但没有任何一样能比得上你的热情。当你由衷地关心某些事情、认为那些事情对你意义重大时，即便是最难相处的人也会向你靠近，进而与你同舟共济，帮助你实现心中的目标。

当我们对自己的生活和工作满怀热情时，我们常常能感受到更多的幸福和愉悦。当人们不喜欢他们的工作，或者不喜欢他们生活的一些方面时，他们会显得萎靡不振；他们体重增加，缺少充足的睡眠，常常感到倦怠无力。而当人们投身到他们喜欢的事情中、并且为了成功的前景而兴奋不已时，他们的自我感觉会更好，自尊自重的意识会更强，被唤醒的能量就会更大，充满欢笑的时光就会更多，生命的历程也就会更长久。我们的人生热情能够转变成坚韧的承受力，并影响我们生活的前景，这种影响远远超过我们所了解的限度。

我经常告诫我的学生，鼓励他们“做自己命运的主人”。我想要他们明白：在他们的一生中，他们将面临一次又一次的选择，而至关重要的是，他们的选择应该能够把激情、为他人服务的精神和乐观的笑声注入自己的生命中，从而激励他们不断奋发进取、不断砥砺前行。

体验与反思

- 在教育孩子这件事上，你有热情吗？
- 如果你觉得有热情，那你的热情“方向”正确吗？
- 你有热情被孩子给“浇灭”的经历吗？
- 你的教育热情称得上“持之以恒”吗？
- 你有保持热情的“灵丹妙药”吗？
- 读完本章对热情的介绍，你有哪些收获与感受？是否引起了你的共鸣？

2 探险

只有敢于远行的人才可能发现自己能走多远。

——亚伯拉罕·林肯

很多学生日复一日地坐在教室里，看着钟表枯燥地度日。同样是这些孩子，他们在家里坐在沙发上，盯着电视打发时光。作为家长和教师，我们必须找到一种方法，让这些孩子感受到生活的乐趣并以一种积极的方式生活。我们必须激起他们心中的火花，让他们有所期盼。通过给孩子们创造探险经历，我们不仅能够教给他们知识，而且能够增强他们的自信心；我们还可以增加彼此间的信任，鼓励他们成为更好的学生。

你对儿时的记忆是不是关于探险的居多？

↓

那是因为探险让你保有了一颗勇敢而有激情的心灵！

一次，我带了班上 10 个来自哈莱姆区的孩子去北卡罗来纳旅行。班里的一个女孩曾在日记上写到，她毕生的一大梦想是去北卡罗来纳旅行，看一看克拉克先生这一年津津乐道的地方，体验一下克拉克先生说到的他记忆中的家乡生活。当时我就决定，要带她和其他我能照顾过来的孩子前往北卡罗来纳州旅行。旅行途中，我们来到了海滨。一些沙丘高高地堆在海边，似乎快与天接上了。孩提时代我常常同姐姐塔西一直爬到沙丘的顶部，然后再以飞快的速度从沙丘上滚下来。我告诉孩子们这个游戏有多好玩，但他们不感兴趣，说不想弄脏衣服，说沙子会钻进他们的鞋子和头发里，以及滚下沙丘的样子很傻，等等。这些在城市里长大的孩子渴望尝试不同于他们的成长环境里的事物，但事实上他们并没有为之做好准备。

不过，孩子们同意和我一起爬到那个最大的沙丘顶上去。当我们到达顶部时，我看了一眼德里克，能感觉到他在进行激烈的思想斗争。他轻轻地对我说："克拉克先生……嗯，如果你愿意的话，我想和你一起滚下沙丘。”他的样子使我明白，他对自己并不自信。其他的孩子开始起哄，并质疑他的能力，但我只说了一句：“好吧，德里克，咱们来吧。”我们从沙丘上往下看。这座沙丘并不是很陡，但是我有一点恐高症，而且一想到我已经30多岁了，便不由自主地对滚下沙丘这个想法产生了更多的恐惧，虽然在小时候我是不会这么害怕的。

尽管如此，我们还是走到沙丘边，对视了一眼，便滚了下去。沙子和气流拂过我的脸庞，使我几乎睁不开眼睛。我能听到德里克一遍又一遍的尖叫声和欢笑声。突然，我们停下了。我看到德里克就在离我不远的地方，大口地喘着粗气，笑得合不拢嘴。他冲我大叫道：“克拉克先生，这是我玩过的最好玩的游戏了！”接着我就听到了尖叫声，抬头一看，我惊讶地发现其他9个学生正在飞一般地滚下沙丘，沙子和灰尘在他们的胳膊上、腿上和头发上飞舞。他们一边快速地往下滚动，一边欢笑。每个人着地时，身上都沾满了沙子——脸上、嘴里、头发里，还有他们价值100美元的运动鞋里。但他们只是大笑。我们笑着，喘着气，准备再次爬上沙丘，再来玩一遍这个游戏。

这次经历孩子们将终生难忘。在沙丘上他们有太多的顾虑：曾经有过的不好的记忆，压力，恐惧，还有对外表的担心。现在，所有这些都过去了。他们把握住了这个瞬间，他们自由了！

对青少年来讲，生活真的很难，他们常常会担心别人对他们的想法，这种担心使他们时时心存戒备。作为教师和家长，我们必须给他们创造宽松的环境，让他们感觉到可以释放真正的自我，可以自由地欢笑。在这方面，教师和家长能够做的最好的事是给他们做出示范，必要时你不妨回想一下自己年轻时的探险经历。那天我其实不太愿意穿着西装裤和衬衫从沙丘上滚下来，但我知道如果我接受了挑战，我就能向孩子们表明，探险和体验生活是多么有趣的一件事情。

教师可以通过各种方式将这种态度运用到教室中去。例如，在校友返校日精心地装扮自己。很多学校都会在一些特殊的日子里允许学生装扮自己，如孪生子日、60年代日、学校精神日或复古日等。我还记得在我上学的时候，有些教师会参加这些活动，有些则不会。但有一件事情是可以肯定的：学生们一定会注意哪些老师参加了，而哪些老师没有参加。在那几天给你的服饰增加一点点特色似乎是一件很小的事情，但这却是学生们讨论的大事，而且他们欣赏那些能够表现学校精神的教师。另外，如果学生看到你从装扮自己中获得了多么多的乐趣，他们也会受到鼓舞，在接下来的几天里努力地装扮自己。

我记起在斯诺登小学时的一次经历。一天，在走廊里，我听到莫尔女士教的二年级班里传来了音乐声。孩子们在学习世界上不同的文化及不同的庆祝方式。这会儿他们正在学习林波舞[①]，莫尔女士和助手杜勒丽女士在两张桌子间支起了一根竹竿。学生们只是慢慢地走过去，而并没有认真地去跳舞。我走了进去，说道："哦，天哪，我喜欢这个舞蹈。"我跳进了学生的队伍里，当要穿过那根竹竿时，我开始跳舞、转动身体，表现得好像很喜欢这个活动。我顺利通过那根竹竿后，莫尔女士开始大笑着说："克拉克先生，你简直疯了。"我抓住她和杜勒丽女士说："你们俩必须也这样做。"我把她们俩拉进队伍里，她们大笑着说"不行"。但是孩子们开始鼓掌，给她们加油，催促她们。最后她们都从竹竿下跳了过来，教室里的每个孩子都很快乐，教师们也很快乐。

有时，作为教师，我们必须回忆自己年轻时的感觉，并再次找回我们的勇敢。我们必须冒几次险，向学生们表明我们仍然知道在生活中如何欢笑、如何寻找快乐，以及如何体验探险。通过我们的探险，我们可以鼓励孩子们少一些担心，丢掉禁忌，无拘无束。

这个道理也适用于家长，还有祖父母。我妈妈快 60 岁了，但是当她跟她 8 岁的外孙玩的时候，她又变成了小孩。她拿着水枪在地上翻滚，玩电脑游戏，用枕头打仗，追着奥斯汀满屋子跑。他们就像一个豆荚里的两粒豌豆，奥斯汀非常爱他。我希望有一天他会明白自己有多么幸运，因为他有一个充满生命力和精力、仍很好地保持着年轻心态的外祖母。

---

① 林波舞（limbo），西印度群岛的一种技巧性舞蹈。——译者注

我当然已经意识到了自己是多么幸运，在成长过程中有这样的妈妈相伴。她总是爱大笑、拥抱和鼓励他人，而且当我需要她的时候，她总在那里。我似乎看到她抓着我自行车的后座，跟在我后面跑，给我加油，并告诉我可以自己骑了。我记得自己哀求她不要放开，但当我转弯时，我看到她在我后面 10 米远的地方蹦蹦跳跳。我把车子骑到了沟里，但这件事的意义在于，我这是第一次独立骑车，没有她的鼓励我是不可能学会的。我还记得自己初学游泳时的情景。我和父亲站在泳池的深水一端，父亲让我努力游到泳池的另一端。我害怕得要死，拒绝这样做。最后，我那根本不会游泳的妈妈说如果我做到的话，她也会试一下。我们所有人都感到很震惊，因为妈妈曾经宣布过，她绝不会到深水这边来。我至今还能回想起她游泳的样子。我的上帝，她直接沉到了水底。父亲、塔西和我看见她躺在水底，大张着嘴喊“救命”。父亲如闪电般游到水底，把她带了上来。到现在我们仍会说起这段往事。并且大笑不已——天哪，她的嘴“大张着”！

那天还发生了其他的事情。那就是我试着在深水里游了个来回，而且我成功了。父亲在旁边保驾护航，塔西站在一旁关注地看着我，母亲则站在浅水那一端给我加油，我做到了。我爱母亲有很多原因，但其中的一个重要原因是，她永远保持着年轻的心态和探险精神。她内心从不设防，为塔西、奥斯汀和我做出了很好的榜样，使我们明白应该在短暂的生命中冒几次险，保持一颗勇敢而有激情的心灵。

与你一起探险的人你还记得吗？

↓

探险能够让团队更团结、关系更融洽！

常常有家长对我说，他们的孩子不喜欢他们，或者他们感到孩子离自己很远，以至于他们都不知道自己的孩子是什么样的人了。这种情况通常发生在孩子们的初中阶段，而且每个家庭都会出现类似的情况。我首先告诉家长们，这表明孩子们进入了青春期，他们以前了解和关爱的孩子是会回来的；孩子们只是需要几年的时间来度过这个尴尬的阶段。家长应该爱他们、支持他们、给他们一些空间，他们会因此而长期尊敬你。

对于这些感到和孩子缺乏联系的家长，我的第二条建议是：和孩子们一起去探险。无论是攀岩、登山、滑冰、打球、跑马拉松，还是到游乐园去坐过山车，这些活动都能把参与活动的人紧紧地联系在一起。

除了我提到的这些活动外，家长们还可以有很多其他选择。家长应该选择自己和孩子都喜欢的活动，并着手去实践。一次，我把这些建议提供给阿拉巴马州蒙哥马利市的一位母亲，她有两个十几岁的儿子。她问我，如果她把身上的每根骨头都摔断了的话，我是不是要替她支付医生的账单。我向她保证，她和她的儿子们可以选择参加各种不同的活动课程，受过训练的专业人员会确保他们的安全。后来她发来一封电子邮件，告诉我她带儿子们去了当地一个 15 米高的攀岩墙，并和儿子们一起爬到了顶部，这让她的儿子们大吃一惊。她说这是她生命中最冒险的举动，但她永远不会忘记当她爬到顶部时儿子们发出的欢呼声。从那之后，跟她一起在公众场合出现时，儿子们再也不会觉得尴尬了。跟孩子交往时，有时我们必须冒点风险，和他们一起探险，并且相信这样的经历会在未来形成特殊的回忆和密切的联系。

每次我和学生们外出旅行时，我的团队都会变得更加团结，相互之间也会更加尊敬。在德里克、我还有其他学生滚下那些沙丘后，我们彼此更加欣赏了，相处也变得非常容易了。当大人们和孩子们一起体验某种探险时，探险会将他们团结在一起。并创造出特别的联系。几年以前，我和家人前往迪士尼乐园游玩。我们去玩“激流勇进”，当我、姐姐、姐夫和外甥奥斯汀一起排队时，我注意到我的妈妈也加入了我们的队伍。我吃了一惊，但她说她觉得自己能行，所以我什么都没说。妈妈玩“激流勇进”，我的天呐！我和妈妈坐在一起，告诉她最后向下冲时，大家都要举起手来。她说：“罗恩，你疯了吗？我要抓住这根栏杆保全性命”。但我说：“妈，相信我。举起手会让你有更好的感觉。”在最后一圈前，我对大家喊道：“一起举手。”当我们到达最高处时，我和妈妈把手握在一起，并把手高高举在空中。当一切结束时，大家笑成了一团，互相拥抱。我们购买了那一瞬间的照片，至今这张照片还放在我的书架上。我爱这张照片，因为它让我想起我跟妈妈一起拥有的特殊经历。

这些经历和事件能够在成人和孩子之间建立起良好的关系。它会产生信任、联系，并成为终生难忘的记忆。

探险一定会成功吗？

↓

探险让你有承担失败的勇气！

在北卡罗来纳，教书要面临一定的挑战，但同时也是一份较为舒适的工作。我有家人和朋友在身边，我认识学校和社区里的每个人。一天，我看了一个关于纽约哈莱姆区正在衰败的学校的电视节目。电视画面上是拥挤的教室，以及非常聪明但考试成绩极差的学生们。我说不清楚自己的感觉，但我内心涌动着去那里教学并改变那些学校状况的欲望，还有呼吁我探险的某种声音。我想我们必须不断挑战自己，因为当我们对周围的环境感到满意时，我们的发展和生活体验却往往不令人满意。我决定给自己一些压力，冒一次风险：我要搬到纽约居住。听到这样的想法，爸爸认为我在犯一生中最大的错误，妈妈吓得要死。和我一起合作的芭芭拉·琼斯老师认为我疯了，我的学生都不理解我为什么要离开他们。这是我所做的最艰难的决定，但有一种兴奋之情在激励着我。我感觉自己比以往任何时候都更充满了活力。

那一学年结束的时候，我把自己的东西都装到车上。开车前往纽约。在那里我没有熟人，我开车花费了好几个小时找住的地方。后来我在基督教青年会找到了一间没有电视、电话、窗户、枕头和床单的房间，我没有意识到要带这些东西。我首先去了教育局，对于那些第一次去纽约市教育局的人来说，它就像一个巨大的飞机场，也像一个赌场。到处都排着长队，当终于轮到你的时候，当值的工作人员可能能够帮助你，也可能会说你“太不走运了”，因为你排错了队。在那里排队就像投注碰运气。我在那里花费了整整两天时间，在各个队伍间来回奔波，直到最后我被告知只需要把申请书交上去，如果有学校想聘请我，他们会通知我。我告诉接待我的工作人员，我想去哈莱姆区的学校教学，提高那里学生的学习积极性。他让我耐心等候，说会有人给我打电话的。他还说如果我试图自己去学校的话，没有人会接待我，因为这不符合纽约市的工作程序。我不断问自己："这个地方真的需要招聘新教师吗？" 看上去他们总是在每个关键地方设置障碍。我沮丧地想直接开车回家。我记得自己在基督教青年会走了四层楼才找到一个公用电话，我给爸爸打了个电话。爸爸正在生病，而妈妈也非常担心我，于是我几乎说出“我要回家”这句话来。但爸爸说："我很担心你，同时也为你感到自豪。我知道事情会慢慢好起来的。" 我当即决定不去管教育局告诉我的事情，而是亲自去哈莱姆区找学校。

第二天我开车在街上转来转去，穿过著名的阿波罗广场，经过西班牙人聚居的哈莱姆区的不同区域，在路的右边看到了一所学校。我只能把车停到街的另一头，当我走回那所学校时，我听到我经过的一道门后传来了某种喧闹声，我意识到自己在经过另一所学校。这所学校跟城里的其他建筑看上去非常相像，一般人很难注意到。我打开门，看见一个学生在冲学校一位较年长的助教叫嚷。这个孩子说这个助教要打他，而助教在努力管束这个六年级的孩子。他们俩在争吵，人事部门人员说要给这个孩子的妈妈打电话。我作为教师的本能开始起作用，过去把那个孩子拉开了。因为不知道我是谁，所以他令人吃惊地没有抵抗，跟我走了。我带着他跟着那位人事部门人员来到办公室。我让孩子坐下来，自己坐在他身边。他在抽抽搭搭地哭，眼泪顺着脸流了下来。他大口吸气，大口呼气，我不知道如何是好。最后，我靠近他，对他说："你知道吗，我有一次也像你这样哭，结果晕倒了。"他抽噎着说："真的吗？"

我们谈了大概 15 分钟，我问了他一些问题——"你为什么这么伤心？""如果这件事重新发生，你的做法会有不同吗？""你喜欢这所学校吗？""你希望这所学校发生什么样的变化？"我们交谈了一会儿后，这个孩子说："如果学校里有像你这样的老师，我就不会有这么多麻烦，因为你尊重我，和我谈心，就好像你真的关心我。"后来我发现这所学校里有一些非常棒的教师，他们关心学生，努力工作。另外，我也看到这里的大多数教师就像苍蝇一样飞来飞去。他们会只教一个星期就辞职。有些人待一个月，还有些人待两个月，但很多人不会在这里待到一年。这使孩子们有被遗弃的感觉。在同这个六年级的孩子交谈之后，我知道，这所学校就是我想工作的地方。

我把自己的想法告诉了校长，说我想挑战自己。她说如果我需要挑战，她很愿意给我提供机会。她向我描述了一群她执教 30 年来见过的纪律和学业都最差的学生的情况。我对她说我准备好了，但其实我怕得要死。

事实证明，那一年对我就像坐过山车——快乐与挑战并存。搬到纽约开拓了我的眼界、心灵和思想，让我体验到在其他地方所体验不到的经历。那一年我的成长比以往任何时候都更明显，只因为我愿意探险，并听从心灵的召唤。生活有时非常艰难。但我知道自己还活着。我每天的生活都充满了刺激、激动，就像一种探险，我喜欢这样的生活。回想过去，我庆幸自己迈出了那可怕的一大步，而且始终没有放弃。作为教师和家长，我们需要在孩子的心中培养勇气和决心，帮助他们面对自己的恐惧，教会他们探险，使他们勇于追随自己的梦想。

探险一定是向着未知的遥远世界进发吗?

↓

不！在教室里也可以探险！

当带着孩子们去探险时，教师和家长应该考虑哪些事情可以做、应该做。不同的教师有不同的现实情境、不同的性格和生活期盼。另外，还要考虑经费预算、各种限制及其他因素的问题。但是，如果你生性喜欢探险，那你就应该表现出这种精神，并尽你所能地利用这种精神激励你的学生。

有些教师不擅长组织大型的远足活动，但他们可以做一些简单的事情，来给学生日复一日的单调生活增加一些色彩。天气晴好的时候，我会让孩子们排队走出教室，坐在树下听我上课。这样做很容易，但在学生的眼里，这就是天堂。当然，这个活动在上复习课时效果最好。当学生们在室外时，不适合教新内容或引入一个新话题。有些班的学生在室外不能很好地集中精力，那么我就会告诉他们，如果课上的前 40 分钟他们能聚精会神地听课，那最后 10 分钟我们就将在教室外做练习。我总是很惊讶地看到，这些孩子会坐直身子，全神贯注地坐在椅子上听课。他们想到室外去的愿望如此强烈，以至于他们会照我说的保持 40 分钟的全神贯注。在我看来，这项“交易”是非常值得的。

教室内的探险可以是任何使课程变得灵活的事情。有些老师把国外的食品带到教室，在历史课上装扮成名人，布置“寻宝游戏作业”。这样，学生就不得不查询信息，或痴迷地读一个故事，就好像他们自己在经历这个故事一样。

在我上高中的时候，我认为公民课非常枯燥。满书都是关于政府的信息，而教师也没有把它们和生活联系起来。一天，当我们学习司法体系时，科克伦女士对我们说要在课堂上安排一次“真正的庭审”。每个人都要扮演一个角色，每个人都必须努力学习，为这次活动做好准备。她解释说律师的任务将最重，接着她将作业夹发了下来。当我打开作业夹时，我发现自己将担任辩护律师的角色。当我走出教室时，科克伦女士说道：“罗恩，我把那份责任给了你，是因为我知道你会做得很好。”这句话对我来说压力很大，我真的开始研究和搜寻信息了，我不想让她失望。后来我甚至为此去见了一位真正的辩护律师，让他谈谈对这个案子的看法，从中我获益匪浅。

庭审那天，我召唤了所有证人，用尖锐的问题和指控使他们乱了阵脚，并且从各个角度向陪审团证明了我的当事人无罪。这种感觉太令人兴奋了，我太喜欢了。那一天完全改变了我对这门课的态度。我更加努力地学习，希望给科克伦女士留下好印象。仅仅通过留作业及让我们参与到学习中去的方式，科克伦女士点燃了我内心的兴趣火花，使我在那一年爱上了她教的课。

每年我都试图像科克伦女士那样，在课程中点燃兴趣的火花。我最喜欢的活动之一是阿拉莫战役①。在教完这个历史事件后，我给学生们的家长写了一封信，告诉他们我们要利用水气球在学校再现这次战役的场面。家长们必须在一张纸条上签字，同意他们的孩子参与此项活动，而且同意在星期五孩子上学的时候给他们带上一件白色的 T 恤和一些旧布条。

这个活动最困难的部分是需要 150 个水气球。我要求几位家长同意让他们的孩子们早一小时到学校，我让他们在洗手池那里把气球装满水。在往气球里装水之前，我让他们在每个气球里滴几滴红碘酒。完成后，他们把这些气球放在了教室后面的一个大垃圾桶里。

---

① 阿拉莫战役，19 世纪初美国南部得克萨斯人民反抗当时的墨西哥统治者、争取自由独立的战役。——编者注

那一天快结束时，我把学生分成不同的阵营。一些是得克萨斯人，如威廉·特拉维斯或者吉姆·鲍伊；一些是墨西哥人，如圣塔·安将军。活动之后学生们都写了一份报告，描述了参与阿拉莫战役的感受。

我让 7 个学生待在操场上的一个防御工事后面，说他们就在阿拉莫。我只给了他们 40 个气球防卫。然后我把其他学生拉到离他们 15 米远的地方，说他们是墨西哥人。我给了每个人一块印花大手帕，让他们围在头上，并给了他们 110 个气球。如果他们被阿拉莫那方的人用气球打中，他们就出局了，必须坐下来。但阿拉莫方的某个人若被气球击中，则不会死，因为他们是在“要塞”里。当阿拉莫方用尽弹药，墨西哥方有人进入防御工事，这场战役就算结束了。

第一年安排这个活动的时候，我不知道会进行得怎么样，但当我站在一边，看着得克萨斯方团结一致，而墨西哥方商议如何最好地攻击对方时，那场面给我留下了深刻印象。学生们全力以赴地参与这个活动，演好自己要扮演的角色。我至今还记得得克萨斯人被将军军队的气球攻击的样子，他们的 T 恤都由白色染成了红色，但他们还在战斗。他们始终不屈服，即便是到了最后，他们几乎用光了弹药、大势已去之时，这些孩子仍在顽强战斗。

那些学生至今还在谈论那场战役及其他很多我们再现的事件。这使我们学习的知识鲜活起来，而且使学生亲身感受到了通常只停留在纸面上的历史知识。

在课堂上安排一些令人兴奋的、与以往不同的活动及刺激的活动，能帮助学生更好地掌握学习材料。他们会对学习过程更加感兴趣，并在今后的日子里记住所学到的知识。为了真正地面向所有学生，我们必须以适当的方式激发和鼓舞他们的学习热情。

探险是说走就走的旅行吗?

↓

不！你需要一步一步地开始计划！

在当老师之前，我绝不是一个有条理的人。我高中的笔记本里夹着一张我在学校的储物柜的照片。储物柜里塞满了纸和书，还有一些都掉在地板上了。然而，当我一开始教学、开始带着学生们旅行时，我就意识到了组织能力是多么的重要，让我的“鸭子”们站好队是多么的重要。我跟学生的第一次旅行是步行 30 分钟去看一场戏剧，但做好所有的准备工作简直就像给一头野驴上鞍，我处处碰壁。首先是没有校车供我们使用；接着我发现我交到县里的申请表太晚了，旅行没有被批准。我不得不让校长给有关方面打电话以征得他们的同意。然后我意识到我们可能会错过学校的午饭时间，所以我不得不安排大家在麦当劳吃午饭，同时给家长再寄一封信，让家长为孩子们准备钱。这时距离旅行只有两天时间了，我的合作教师琼斯女士认为，让家长准备钱的通知下得太晚了。我觉得她有些夸张，但的确我收到了家长的两封信和一个电话，询问我们为什么不在要求他们签发同意书时，说明孩子们需要带 5 美元。

最严重的事情是，当我们返回学校时，学生餐厅的负责人来找我，说我应该告诉她这件事，因为她需要把我的学生名字从就餐登记单上画掉。

这还只是一次小小的旅行！设想一下去华盛顿特区或其他的远足活动，那简直就像一场噩梦！我相信没有人了解教师们为了组织这些活动所付出的辛苦劳动。我还记得高中时哀求英文老师带我们去伦敦，当她说“不”时她的眼球都要鼓出来了。我以为只要有人出钱，她就能为我们预订车票和房间，然后大家就可以出发了。我对那些每年都带孩子们旅行的教师心存敬意。不管他们组织的是国外还是国内旅行，那都是很令人生畏的任务。

一些新教师对我说，他们根本不知道如何开始计划与孩子们的旅行。我告诉了他们四个主要步骤：

1. 决定你要带学生们去的地方和时间，确保这次旅行符合当年的教育要求。

2. 找一位好同事和家长帮你并同你一起旅行，确保他们都是大家信任并尊重的人。

3. 起草一份针对学生家长的提案及常见问题解答（附录 A、附录 B）。

4. 征得同意。在你写完提案后，你应该送去让校长过目。有时我会在花时间写提案之前先跟校长谈，但有时“先装车、再配马”会好一些。当看到你为准备这次提案所做出的工作时，他就很难说“不”了。如果旅行涉及在外过夜或出州，你还必须把提案递交到教育局征求同意。我所在的县有一个“不出州旅行”的政策，但我会亲自前往教育局，把提案交给他们，跟他们谈这次旅行如何能够帮助学生准备升级考试。最近我发现，为一个提案或计划征得同意的最好方式是说它会提高考试成绩，这个方法屡试不爽。

一旦完成了这四个主要步骤，你就可以准备出行了。对于试图组织学生旅行的人来说，我的主要建议是着手去做。一旦让球滚动起来，别的事情也都会渐渐到位的。如果你从整体来看这些事的话，你就会被吓回去。先制订旅行计划，然后向有关部门征得许可，一步一步地去做该做的事。这并不容易，但当旅行结束时，结果可能会令人惊喜，对你而言恐怕再也找不到比这更好的回报了。

探险给了你哪些启发？

探险能使我们发现自己内心隐藏的力量！

当我们受到挑战或被推至极限时，我们会发现自己的潜质，并知道自己是“用什么材料制成的”。最近我和一群大学时的朋友去攀岩。我们想玩电视节目中那样的幸存者游戏，但是事实上我们互相关爱，很难投票抛弃谁，结果我们只是在野外露营了三天。当我们攀岩时，一个朋友艾丽卡不想去了。当时大在卜雨，岩石很滑，她到悬崖边看了看后，就明确地说不。这次经历的确令人害怕，我们并没有责备她胆小；相反，我们大家都鼓励她。当我问她为什么不想玩时，她说不是因为下雨、悬崖太高或岩石太滑这些原因。她感到紧张，是因为她最近体重有所增加，她不确定是不是还有力量做这件事。我很替她遗憾，因为其他所有人都准备去做这件事，我不想让她觉得自己被抛弃了。但当我觉得自己说得够多了时，就不再劝她了。然后，在我们就要离开时，她突然说：“我跟你们一起去。”她走过来，穿上攀岩服，开始向悬崖边走去。眼泪从她脸上滴落下来，但是她成功了。她的动作很慢，我看得出她怕得要命，但她成功了。

当这件事结束后，我问她是什么改变了她的心意，她说：“我知道自己胖了，但我一生中从未利用这个作为借口逃避事情。我决不会让它阻碍我实现目标，我也不会让它控制我的生活。”她的这番话对我很有启发。她在那一刻了解了自己，她说现在每当她考虑做某事时，不管是工作中的事还是家里的事，她都知道自己能做到。她说：“我知道如果我能从那个可怕的悬崖上下来，我就能做到所有事情。”体验探险能使我们发现自己内心隐藏的力量。

你能从容地安排一次探险经历吗?

↓

没有一场探险是轻而易举的!

我的探险劲头非常大，而且我总是尽可能多地与学生分享探险的快乐。我曾经有过一个梦想：带一群学生去南非。我不知道自己能否实现这个梦想。但是，自 2003 年以来，我们一直在收集资料并做着各种准备，我要在这里高兴地告诉大家，如果不出意外，等这本书出版的时候，我可能就会带以前教过的 20 名学生前往约翰内斯堡旅行了。这 20 名学生中有 10 名来自北卡罗来纳，10 名来自哈莱姆。这些学生现在都是高中二、三年级的学生，为他们计划这次旅行是我一生中难忘的经历之一。同时，这也是最令人气馁、最具挑战性、问题最多、压力最大的一次体验。我的头发在迅速脱落，等到这本书出版的时候，我的头发可能都要掉光了。我打算等回来时，把我和孩子们的照片放在我的个人网站上，这样大家就可以比较一下，看我在这个过程中到底掉了多少头发。

当我们计划一次探险时，特别是涉及旅行时，意外事件总是层出不穷。我们必须认识到这些问题的存在并有所准备，这样，当意外发生时，我们就可以尽可能从容地解决这些问题。我知道必须为学生们办护照，但我根本不知道这件事情有多么复杂。要得到护照，每个孩子必须有出生证。而有些学生没有，所以我们不得不安排他们去州政府办理新的出生证。下一个问题是：有些学生是在其他县或其他州出生的。又一个问题：我让学生去合适的州政府办理出生证之前，他们必须先拿到州机动车管理厅开具的相关证明。一半的孩子没有身份证，我们必须去办理身份证。但又出了一个问题：如果你没有经过公证的出生证，你就不可能得到身份证。这简直就像一场噩梦。

所有我提到的这些事情——还有照适合护照尺寸的照片、填写各种表格、让所有学生去邮局签署正确的文件并寄走——都是很难做的事，而这些仅仅是这次旅行计划的一个方面。

我们计划去南非的主要原因之一是想去参观索韦托的学校，并送他们一些急需的学校设备。我以为只需要筹集资金并把物品航运到约翰内斯堡，等我们到那儿取出来就可以了。我不知道我们寄的每个包裹都不能超过 27 公斤重，而且收件人必须为每个包裹支付关税。我们费了九牛二虎之力才支付了关税。并在约翰内斯堡找了一个人接收并替我们保管这些包裹。

另外，孩子们必须打预防针，并且每个人都要有健康记录。除此之外，我还要帮助学生为这次旅行做一些知识上的准备。我始终认为参与旅行的学生必须做好完全的准备，以理解他们将要看到和体验到的一切。南非之旅要做到这一点，是一个巨大的工程，因为学生对那一地区的知识非常少，我必须从头开始给他们讲。在有些学生的印象中，南非只有丛林和部落，当发现南非的大部分人是白种人时，很多人都感到非常吃惊。我们必须从零开始，讲这个国家的历史、种族隔离和它所面临的斗争，以及如今它要处理的问题。

总而言之，准备这次探险不是一件易事，但无疑是值得的。我知道当学生们走在索韦托的街上、把物品和衣服送给当地的学生时，他们的激动和兴奋会是无与伦比的。飞越海洋、进入一块新的陆地、体验一种不同的语言、目睹一种与他们的生活截然不同的生活方式、接触生命、与异域文化交朋友——这就是探险。它具有巨大的力量、无可估量的价值，而且是绝对值得的。当你浏览我网页上的照片时，我的头发可能已经掉光了，但我一定是喜笑颜开，充满了骄傲和快乐的。

一些教师和家长曾对我说，他们想和孩子们去更多的地方旅游，但费用太高且浪费时间，因此他们总是左右为难。对于这个问题。我只告诉他们一个简单事实：如果你要一直等到有了足够的钱才去旅行，那你就永远也无法动身；如果你要一直等到有了足够的时间才在日程中安排和孩子们的旅行，那你就永远不会有这个时间。旅行和在生命中添加探险因素是我们必须为之付出牺牲的事。几年以来我一直想带学生们去南非，但为促成这件事所要做的工作把我吓了回去。后来，我提醒自己生活中只有一次机会，而活在懊悔中是我最大的恐惧。我不想因为没有做这件事而感到后悔。于是，在没有适当的资源、资金、信息或指导的情况下，我一头扎了进去，把球滚动起来。

我只希望更多的教师和家长会利用这种激情为孩子们创造体验。我并不是说我认为所有的教师都应该把班上的孩子们拖到南非去，但教师把学生带到室外，通过旅行和体验进行教学，是一件非常好的事情。我知道对有些教师来说，做这样的事很难，但得到的回报也是巨大的——你在给你的学生创造一些他们终生难忘的记忆。我妈妈至今仍在提起她上高中时，和班里的同学一起从北卡罗来纳去纽约旅行的事。她告诉我她的父母如何做出牺牲给她筹备出行的钱。妈妈说当她在学校看到有关这次旅行的信息时，她以为她将是唯一一个不能参加这次旅行的学生，但外婆说："我们会想出办法的。"

在成长的过程中，我常常听到妈妈说起：站在帝国大厦顶上时她是多么害怕，当她从马莎百货商店给外婆买了一件打折衬衫时她是多么兴奋，以及她依旧不敢相信只付了 2.5 美元就得到了一杯橙汁这个事实。这些记忆已深深地印刻在了我妈妈的脑海里，而所有这些都要感谢那位华盛顿高中的老师，她把握机会，愿意把球滚动起来，从而使她的学生拥有了特殊的体验。

你看到孩子们在探险中的进步了吗？

↓

探险也是受教育的好机会！

当我把关于南非旅行的信寄给学生时，我焦急地等候着他们及其家长的答复。一天晚上，我接到一个电话，电话那一端的人说："真的吗？"我知道这是瓦尔·麦卡波，也知道她指的是什么。但我说："对不起，什么事？"她又说："真的吗？"我又说："对不起。什么事？""真的吗？"最后我说："小姐，请问您找谁？"瓦尔说道："真的吗？克拉克先生？"所有学生的反应大概都是这样的。我知道他们会很兴奋，但我没有料到他们会这么吃惊和喜悦。当这次旅行确定下来后，他们每个人都很激动。我让他们写论文、读书、学习各种各样的知识，每个人都毫不犹豫地做了。他们在学校的学业成绩有了明显提高，而这仅仅是因为我说将会检查他们的分数，他们必须通过在学校好好表现来表达对我的谢意。

每当我带学生外出旅行时，学生们的反应都基本相似。我们总是先花费几周时间了解我们将要参观的地方。我们学习那里的建筑特色、地区历史、我们会见到的人的背景，以及其他有助于学生更好地体验这次旅行的信息。我们阅读各种相关材料，以保证学生们能从旅行中获得更大收益。我们在地图上计划路程，在出发前制定预算。我们在去海边前，先学习关于海洋生物的知识。我竭尽所能为学生做准备，这样，当他们出外旅行时，就会知道自己将要看到的东西，以及想要了解的知识。这些旅行同时也是受教育的好机会。

这个过程使教学变得非常容易。每当我要讲新知识时，我就告诉学生们这些知识对他们参加外出旅行将非常有用。我说："这是旅行作业，所以要认真听讲，彻底学会。"所有的学生都变得兴奋起来，主要是因为这份作业与外出旅行有关。

旅行是一件令人兴奋的事情。体验一些不同的事物、参观一个新的地方、置身于一个新的环境是具有挑战性的、也是令人惊喜的。当你利用这份资源激发孩子们的学习兴趣时，他们不仅会学得很快，而且会很愿意学习，因为他们认为这些知识与自己的生活相关，他们会很快用到并体验到这些新知识。

体验与反思

- 你带领孩子进行过探险活动吗？
- 探险增进你与孩子的感情了吗？
- 在探险中，你是否注意到了孩子的改变？
- 你希望能和孩子进行什么样的探险活动？
- 读完本章对探险的介绍，你有哪些收获与感受？是否引起了你的共鸣？

3 创造力

没有想象力的人是没有力量的。

——穆罕默德·阿里

与孩子相处的时候，我们有必要考虑创造性的问题。我们要寻找一些方法来鼓励孩子学习或增强理解力，这样我们就可以用尽可能多的方式来传授特定的知识或技能。最好的教师和父母能够打破常规来思考问题，他们会站在孩子的角度来设身处地地想问题。他们会发现哪些方法是有效的，他们愿意尝试各种不同的技巧，直到他们找到能帮助孩子学习的最好办法。

如何让你的课堂变得具有创造力？

↓

把你所教的东西带到生活中来！

许多孩子的生活缺乏稳定性。有些孩子与他们的母亲、继父或父亲、继母共度周末；有些孩子从来都不能确定爸爸妈妈中谁会在放学之后来接自己；有些孩子在大街上游荡的时间比在家里的时间多得多；还有些孩子虽然有家，但这个家却甚至不能为他们提供一个稳定的环境。对于所有的孩子来说，学校应该是一个安全的地方。它必须很稳定，教师必须确保日常工作有一定的组织和纪律。这种组织和纪律一旦建立起来，我们就要让孩子们自觉地遵守它们。重要的是给孩子们一份前后一致的日程表，但要避免每天的生活一成不变。

我最喜欢给五年级学生读的书之一是《狮子、女巫和衣橱》，这样做不仅是因为孩子们喜欢这本书。而且也是因为它讲到了忠诚和诚实的问题。此外，这本书的故事非常有趣，因此绝不会令人厌倦，从这一点来讲它对孩子是一本非常棒的书。我想让我的学生记住这个故事，并且喜欢这个故事，于是每年我都安排一些活动来增加趣味性，并把故事带到现实生活中来。我们总是在午饭后立即阅读这个故事。有一天，我们像往常一样进入教室，我开始简要概括故事中前一天所发生的事情。我耐心地等着有哪个学生会注意到教室不同寻常的变化。突然，有个学生说："克拉克先生，我认为教室里出了点问题。"故事里有四个孩子进了一个衣橱，发现它是一个魔幻通道，通向一个叫作"纳尼亚"的地方，那里住着一个邪恶的女巫，叫"白色女巫"。我经常与我的学生开玩笑说，也许我们教室后面的衣橱就是故事中的那个衣橱，因为我曾听说它是许多年前从英国进口的，而英国正是故事的发生地。那天，在午饭过程中，我冒进入教室，打开衣橱，拿出了一些衣服并把它们扔到地上。然后我把一块白布条系到衣橱的门把手上，造成了一种假象，似乎这是白色女巫进入我们的教室时，衣服挂在了衣橱门把手上扯裂留下的。

当学生们开始观察这个场景时，他们一个接一个地解释道："克拉克先生，尽管我不想说，但我认为白色女巫是从我们的衣橱里来的。"我想了一会儿，然后以最严肃的声调回答道："好吧，如果她是从衣橱里来的，那么她一定还在"——一阵希区柯克式的停顿以追求戏剧性效果——"我们学校中的某个地方。"我几乎能听见 20 世纪 40 年代的恐怖电影音乐在学生们的脑海中回响。一个学生甚至对校园中的其他人提出了一些警告。我说我们不应该制造恐慌，而应该尽可能在校园中搜寻一下，以确信没有什么奇怪的事情在继续发生。我告诉学生们往后站，然后我跳进教学楼的走廊，倒在地板上，像詹姆斯·邦德似的滚进了卫生间。我知道学生们想大笑，但他们保持了镇静，非常配合地扮演了其中的部分角色。我们偷偷地走出教学楼，当我们到达办公室的时候，我问办公室秘书巴斯女士，她是否看见一个特别高的、身穿白衣服的女人走进了教学楼。她把早已排练好的回答完美地说了出来："哦，是的，我看见过。"我想，当时我的那些学生马上就想四散去寻找那个白色女巫了。他们的眼睛睁得溜圆，巴斯女士继续说："她从这儿冲过去，我向她喊叫、告诉她需要出示通行证，但她看起来脸色很苍白，我推测她可能去了洗手间。"我向巴斯女士道了谢，然后我们转身走开，巴斯女士补充道："哦，还有，她掉了这个。"说着，她递给我一个白色纸卷，上面系着红丝带。孩子们快要爆笑了，但当我从巴斯女士手中接过那个纸卷的时候，我表现得非常平静，这使学生们也不得不努力效仿我的表现。我们在办公室里挤成一团，我把纸卷递给肯尼思，并告诉学生们我忍不住想打开看一下。肯尼思打开了它，接着朗读了以下这神秘的信息：

穿过一个堆满了衣服的橱柜
我走上了通向一所学校的邪恶之路
这个学校到处都是傻瓜
他们都将后悔度过了这一天
从现在开始
我将有力量偷走使他们聪明的所有一切
充满知识的教室将是我的出发地

孩子们都在问：“这是什么意思？”我将永远不会忘记玛瑞娜说话时脸上的那种表情。我对学生们说：“去图书馆！”当我们进入图书馆的时候，索耶尔女士正好在那里，她怒吼着说七年级的学生偷了她的书。我最能言善辩的学生布瑞安，平静地将双手交叉放在胳膊上说：“索耶尔女士，我可以告诉你，这不是七年级学生干的。但老实说，我认为你不会知道真相。”听了他的这番话，我不可能不笑出来。一本书被留在了手推车上，足足有 5 分钟时间大家在那里争论不休，最后有个学生问：“为什么她会留下那本书？”在书里翻找了一下，他们发现了另一个线索——“最后”！随后的 30 分钟里，我们在学校里急急忙忙地来回搜寻白色女巫，搜寻其他线索。直到我们找到了“最后的”便条。它被贴在一个土耳其糖果篮上。在故事中，白色女巫把她的咒语施加在了土耳其糖果上，吃了糖果的人就会中她的咒语。学生们一致同意最好把糖弄碎，但是在我们还没有这样做之前，瓦尔·麦克卡比就已经偷偷拿走一块并放进了嘴里，随即，她开始翻白眼，她说她的头很晕，她看不见东西了！我告诉她把糖吐出来，这时该上数学课了。

从那天起，那些学生开始迫不及待地要把故事书从头到尾读完。他们知道白色女巫其实并没有从我们的衣橱进来，但他们仍然感觉到自己是故事中的一部分。制造真实感的那 30 分钟把故事带到了生活里。许多学生还继续阅读了刘易斯系列的其他书籍，那一年年末，当我要求他们将一年中阅读的书进行排序时，《狮子、女巫和衣橱》几乎在每个人的排序清单上都名列第一。直到今天，当我看见那些学生的时候，他们仍然会讲起当年的趣事。给你所阅读的任何一本书或你所教的任何一门课增加些创造性是有可能的。利用这些技巧，把你所教的东西带到生活中来，这可以激励你的学生，使他们想要去学习。

创造力是如何提升学生的成绩的？

↓

把学习变成“游戏”！

当我在北卡罗来纳执教的时候，提高学生的阅读成绩总是很困难，比其他任何一门学科都难。我一直鼓励学生认真阅读各种流派和类型的文学作品，也采用了各种形式的教学方法，我读给他们听，和他们一起读，或者让他们默读。我示范了一些有效的阅读策略，例如，教他们如何带着感情去阅读，注意提示线索，搜寻背景线索，等等。我尽了自己最大的努力使学生热爱阅读，享受阅读带来的美妙体验。我费尽心机，但是我想要的结果并没有出现。我想了一个主意，通过阅读模拟测试来确切地找到问题所在。我要求学生们自己阅读三个故事，然后回答多项选择题。那是一个普通的练习，我要求每个学生在阅读中遇到困惑时，都要让我知道。我给每个学生准备了三张小卡片：一张红色，一张黄色，一张绿色。我让他们在遇到非常困惑的地方时就举起红色卡片，遇到有些困惑的地方时就举起黄色卡片，如果他们完全读懂了就举起绿色卡片。

每读完一个句子，我就要求他们举起手中的卡片，向我表明，在他们自己阅读故事时他们理解了多少。

我们对所有的故事都实施了这套程序。结果发现，几乎每次学生表示不理解的时候，不管是段落还是问题，都可以追溯到词汇上。通常他们能理解整个故事，但是有一些关键词汇会将他们难住，致使他们答不对某些问题。于是，我决定再读三个新故事。这次，在测试之前我先把词汇教给学生。当我们一起阅读的时候，我高兴地发现，几乎每个学生在我提问的时候都举起了绿色卡片。我认为，除了其他的阅读准备外，我必须找出一个方法来提高学生的词汇水平。每个星期只学会 10 个词是不够的。我拿出一套北卡罗来纳使用的测验练习给学生们做，并列出了所有的关键词汇。然后，我对我们学习的标准课程和其他练习测验材料也进行了同样的工作。很快我就有了一份大约包含 500 个词汇的清单。我仔细读了一遍那一年我们将要阅读的小说，并列出了所有的关键词汇。我想与学生读马德琳·英格的《时间的皱褶》，但我知道我教的这个班会遇到困难，于是我从这本书的几乎每页都摘录出一些生词。很快，我有了一份包含 1000 个词汇的清单。

我把每个词都打出来，并附上一个简短的定义，最后形成了一本 10 页厚的书。我拿了一些 30 厘米×25 厘米的纸，给“书”做了一个封面，上面写着“罗恩的词汇”。在接下来的那个星期一，我把书发给学生，并解释了为什么我要发给他们这本词汇册子，以及为什么这些词汇很重要。在那一年中，我们花了大量的时间去掌握词汇。我做的第一件事就是教学生如何发音。每次我们只学习一页词汇。我读一个词，然后学生重复，他们的眼睛一定要看着那个词，接着我们讨论每个单词的含义。我们用各种方法学习这些词汇，我要求学生尽量在会话中使用这些词汇，并在我们一起阅读时指出它们；我们还制作了卡片，卡片的一面是词汇，另一面是词的定义；我们经常进行结对练习，一个孩子说出词的定义，另一个孩子说出该词；我们做测验，玩游戏，用这些词编故事，在我们的故事里把它们重点标注出来，举行拼字比赛，等等。

我请体育教师米歇尔先生在他的课上也多用这些词汇，很快，这些孩子就会用这些词进行接力赛，来与另外的小组进行对抗了。在接力赛中，每个学生跑完他那一圈儿，就得说出米歇尔向他出示的词的含义，然后另一个学生才能出发。如果他不知道词的含义，那么他就得再跑半圈儿，然后另一个人才能起跑。当我们到了午餐室，我就拿着词汇卡片站在门边上。我出示一个单词，学生进入餐室时必须正确地将它拼读出来。如果哪个学生读错了，我会告诉他正确的读法，然后他就得站到队伍的后面去。

孩子们沉浸在单词学习的乐趣中。如果一堂课结束时还剩几分钟时间，我们就会玩一种孩子们非常喜欢的叫作“淘汰球”的游戏。玩这个游戏的时候，孩子们要站起来。我坐在一把放在讲桌上的椅子上，这样我就可以看见全班同学。我拿着卡片，说一个词的反义词，然后拿着球的学生有 5 分钟时间可以考虑说出我想要的那个词。如果他说错了，他就得坐下并把球扔给他选择的任何一个人。然后我就向拿着球的这个新人问同样的词。如果他说对了，他就可以选一个孩子，把他从游戏中淘汰出去，通常被选中的孩子都是他强有力的竞争对手。孩子们会把这种淘汰视为一种荣耀，因此他们不会因为被淘汰而有挫折感。出局的孩子坐下来，然后把球扔给他选中的人。游戏继续进行，直到只剩下一个人站在那里，那他就是伟大的冠军！

这个游戏很好玩，孩子们酷爱它！但是我遇到了一个问题，一旦孩子们被淘汰出局，他们就不再能集中注意力了。为了解决这个问题，我告诉他们，如果他们出局而游戏中有人把球掉在了地上，那么第一个举起手的被淘汰者就可以重新回到游戏中来，球就在此人手中，他将会被问到问题。

这个游戏可以有很多变形，视你和你学生的情况而定。除了反义词，你也可以用词的含义或近义词进行提问，还可以进行填空，或采用其他许多形式。我在哈莱姆的班级甚至想出了一个叫作“超级淘汰”的玩法。我们一次用三个球而不是一个，我将永远不会忘记，那一天，校长在我们进行游戏时走进了教室。我坐在离地面 2 米高的地方，几个球在空中飞舞着，她只是推开门，走进来，随即就向后转走了出去。我尽量不让她打扰我，因为孩子们太爱玩这个游戏了。我知道肯定会有人说这个游戏实在没有教育性，是在浪费时间。但我认为游戏中确实包含了很多学习性因素，而且学生们要花大量时间在家准备，因为他们希望在游戏中获胜。如果他们获胜了，就会得到 3 分；如果他们得了第二名，就只能得到 1 分；而如果他们坐下来但是又回到游戏中并获胜，他们就会得到 4 分。孩子们对自己的游戏水平非常重视。他们是如此投入，我看见每个孩子在午饭和休息时间都捧着字典在学习。北卡罗来纳和纽约的孩子们沉浸在字典中，这个方法奏效了，因为他们的考试成绩名列前茅。每个学年末的考试之后，孩子们都会告诉我考试中出现了包含在我们书中的单词。有一年，北卡罗来纳的一个问题是：“在这个段落中，单词‘敏捷’是什么意思？”其中的一个选项与我们对该词的定义是完全一致的。教孩子喜欢阅读并掌握所有必要的技能当然是重要的，但帮助孩子成为成功的阅读者并在标准化阅读测验中取得好成绩的一个关键在于：构建他们的词汇量。词汇表中的单词是孩子们成功阅读的必要帮手。

此外，我还让学生在家独自阅读《时间的皱褶》作为单词学习的巩固练习，他们非常喜欢这本书。在花了这么多时间学习词汇表中的单词之后，读这本书就像及时的奖励，因为这些单词几乎在每个句子里跳跃。而且，这个方案对其他年级的师生也产生了积极的影响。斯诺登小学的每个年级都发展了自己的“年级词典”。新学期开始时，每个学生都要接受一次包含 100 个单词的测验，这些单词取自他们的词典。测验分为五部分：多项选择、反义词、填空、配对和造句。每份测验都由我们学校的辅导员进行评分并作记录。到了期末，孩子们接受另一次测验，每个年级的测验题都是由另一个年级的教师编写的，测验结果同样由学校辅导员评分。这样我们既可以比较学生个人的成绩，同时也可以看到整个班级在一学期内的学习情况。这是一个非常好的指标，能够表明每个班级的学习进展情况，也能表明教师的教学水平。

在过去的 7 年里，学生们人手一本《罗恩的词汇》。毫无疑问，在词汇表上所下的工夫有助于他们成为更好的阅读者，并帮助他们在期末阅读测验中获得了更好的成绩。

创造力的基本要求是什么？

↓

不要被条条框框所束缚！

我刚开始在纽约城教书时，校长向我介绍了每位教师应该遵守的课程表。例如，10:00 我们上数学课，10:12 我们上阅读课。这对我来说很新鲜，因为我过去习惯于一次只教一项内容，直到学生完全理解了，然后才开始教另外的内容，而不是每天有一个定时器来规定自己的教学行为。在第一周的教学中，有一道数学问题是这样陈述的："有 435 位众议员和 100 位参议员。如果众议员总数保持在 435 位，那么至少需要有多少州加入合众国，才能使参议员的数目多于众议员？"从题意分析来看，众议员的数目比参议员多 335 位，因此需要增加 336 位参议员。如果每个州有 2 位参议员，那么至少需要有 168 个州加入到合众国里。

当我开始教这个问题的时候，我意识到学生们完全被这个问题弄糊涂了，因为他们甚至不知道什么是众议员和参议员。没有一个学生能答对这个问题，我知道这并不是因为他们不会数学计算，而是因为他们不理解题意。我拿出一支粉笔，在黑板上把美国的轮廓勾画出来，同时向学生讲解"国会"是怎么回事，以及众议院议员是怎样被选出来的。学生们看起来饶有兴趣，也许是这些问题干扰了他们。在此之前，他们完全不知道那天所讨论的问题到底是什么。

大约到了 10:12，我听见门口传来了粗重的咳嗽声，我往外一看，校长正站在那里。她用甜美但似乎有些不悦的音调说："克拉克先生，已经 10:12 了，我们是不是该上阅读课了？"我吓了一跳，但我只是说："是的，校长。但孩子们并没有理解这个问题，所以我还想继续讲解。"令我惊奇的是，她竟然说："但是，克拉克先生，你只有刚才的 12 分钟时间可以讲解这个问题。你讲这个问题的时间是否太长了？"我感到极其不舒服，因为在学生面前我被侮辱了。一个校长能做的最糟糕的事，莫过于在学生面前轻视教师。我只是回答道："不，我觉得不长。这是一个比较容易让人迷惑的问题，因此需要多花一些时间来解决。"她冲我冷笑了一声，然后看着班里的学生并冲他们笑了一下，那样子似乎是说："看你们有多笨！"当她走出门的时候，我能感觉到她气得要命。

那天下课后，我被召进了校长的办公室。她告诉我，在学校里，所有人步调一致是非常重要的，她感到我在那么多学生面前不服从她。不按规定时间上阅读课，是对她的一种侮辱。听她这么说，我感觉自己好像都糊涂了。

善于利用教学时机是所有优秀教师应该具备的一种素养。当学生们表现出学习兴趣、闪现出一个灵感或者课堂上出现了一个大家共同关注的问题时，没有什么比调整课程表、利用这可贵的教学时机更好的了。只要有可能，把新话题与你正在讲的问题联系起来，效果总是最好的。例如，当我解释我们如何选出众议员和参议员时，我总是引用问题中的数字，把现实情况和问题联系起来，并告诉学生们应该如何运用新信息来解决问题。

无论你是教师还是家长，或者同时扮演这两个角色，你都应该记住：如果学习的时机对孩子是有利的，那你就不必为取消另一个计划或放弃另一节课而担心。

你的“戏法袋”里有“教学戏法”吗?

“教学戏法”让你有创意地维持课堂纪律!

我在执教的第一年，遇到了一个极为棘手的班级，那一年我一直在寻找维持班级秩序的方法。我的搭档教师琼斯女士给我出了一个我并不认为会奏效的主意，但我还是尝试了一下。一天，我把学生的课桌摆成四人一组，然后告诉学生我会监督哪个组表现得最好并且合作得最好。我向他们展示了一个从学校奖品柜中拿出来的奖杯，并说我会把奖杯放在表现最好的那一组的桌子上。我不时地根据每组的纪律和活动情况挪动这个奖杯。你应该能想象得到孩子们脸上的表情。他们如此渴望拿到那个奖杯，他们根本就等不及了。那一整天像一个梦，每个组都想胜过另外的组以获得那个令人垂涎的奖杯。放学后，我告诉琼斯女士:“太棒了！我再也不用担心纪律问题了!”她只是笑了笑，说道:“克拉克先生，有了那个奖杯，你可以有三天好日子过，之后你就会将它束之高阁。”她是对的。第二天情况保持良好，第三天也不错。但是到了第四天，孩子们真的对那个奖杯一点儿兴趣也没有了。琼斯女士告诉我，这个办法我用得太多太快了。她说，那个奖杯一段时间内她只用一次，而且是在她确实需要用它来吸引学生的注意力时才用。一段时间内只有一次机会赢得那个奖杯，这对孩子们来说才更有吸引力。

作为教师，你的“戏法袋”里的“教学戏法”越多越好。对教师们来说，维持班级的纪律是一个永恒的挑战，必须灵活应对孩子们出现的各种问题。除了流动奖杯之外，我还会使用其他一些方法使学生表现良好。所有的办法一段时间内都只能用一次，否则它们就会失效。在使班级成为一个团队方面，我做了大量工作。有时候，我会针对整个班级使用一些奖励或惩罚策略。偶尔，我会在黑板上画 5 个圈，告诉学生每次只要有人表现不佳，我就会给其中的一个圈涂上颜色，如果午饭前 5 个圈没有被全部涂上颜色，那么全班人就会有 5 分钟的额外休息时间。我同样用它来减少作业量。如果 5 个圈没有被涂满，我就会取消一部分作业。当我进行教学实习的时候，我教十一年级的历史课，同样运用了画圈布置作业的办法。唯一的区别是我只用了 3 个圈。实践证明，这个办法对十一年级的学生同样有效，就如同它对五或六年级的学生所起的作用一样。但是，如果你每天都用这个办法，它就不管用了。提醒一下，如果你想通过一种办法让全班学生为某个人的行为负责，那最好是提供奖励，如给他们更多的休息时间或减少作业量；而不能惩罚每个人多写作业，因为大多数人可能是无辜的。

我曾用过一个非常有效的办法，但它几乎快把我弄疯了。我的班上有七个男孩，他们一刻都坐不住。他们总是四处张望、交头接耳、烦躁不安地翻着书、敲打着铅笔，而我则一直站在教室前面，使出浑身解数尽量把课上得有意思。后来，我想出了一个主意，管男孩们叫作“魔七”。我告诉他们这是一个俱乐部的名称，只有他们才有资格加入。我拿出一张打印纸，在上面绘制了一个表格。在最顶端写上“魔七”二字。我为每个男孩子都制作了一张这样的表格，然后让他们把表格贴在课桌的最上方。接着，我拿来了琼斯女士的贴画盒，从中拿出了大约 500 张贴画。这位女士有足够可以覆盖一个足球场的贴画。

上课的时候，我告诉男孩们，如果我看到他们在一段时间里注意力很集中并且学习认真，我就给他们一张贴画，他们可以随意贴在自己的图表上。如果一整张图表都贴满了，他们就可以用它进行交易，到我的“宝贝盒”中随意挑选一个东西。在幼儿园中设立一个宝藏箱对孩子们颇具吸引力，因此我想在五年级也试用一下这个方法。当然，我的盒子里没有玩具，而是笔记本、铅笔、篮球卡、迷你订书机，以及其他的一些小东西。

这个方法真的很管用。男孩们都努力想得到这些东西，但我发现他们并不是真的对宝贝盒感兴趣，他们只是喜欢相互之间的竞争。当他们把一张图表都贴满的时候，他们会保存这张图而不是用它兑换各种宝贝。有两个星期，这个班表现很棒，但很快一些男孩对贴画的热情就减退了。最后我把四个男孩的图表没收了，因为他们又开始制造问题，很明显，他们对贴画已经不感兴趣了。有两个男孩还多少感点儿兴趣，如果我需要他们集中注意力的话，那么我只需在讲课过程中不时地从口袋里掏出贴画，他们就会立刻坐好并保持专注，希望自己能得到贴画。最后一个男孩，格雷，自始至终都表现得很好。整个学年他都把图表贴在自己的课桌上，他的注意力非常集中，还会认真地完成各科的练习，贴图并没有对每个男孩奏效，但对某些孩子它确实管用。几周之后我发现，格雷如此努力并不是因为他想要贴画，或者与其他男孩竞争、换取宝贝盒里的东西。他真正想要的是被关注和得到积极的肯定，我不时地看看他的课桌，上面贴着那些贴画，对他来说它们是一种精神性的抚慰。他喜欢那样，他需要那些贴画。

在管理纪律方面有许多立竿见影的办法，但我发现效果最好、最持久的办法是把学生们带到这样一种境界：他们不想让你失望。如果学生们尊敬教师，感到教师很关心他们、真的想尽力帮助他们，他们很可能就不会再制造麻烦了。虽然还会有纪律问题，但问题会少得多，解决这些问题也会容易得多。

创建一个好班级和一所好学校的关键是什么？

↓

有创意地增强凝聚力！

创建一个好班级和一所好学校的关键是创造团结的气氛。当所有的学生都感到自己是某个集体光荣的一分子时，他们就会喜欢待在那个集体里并努力做到更好。作为学生，我非常喜欢参加全校范围的活动；作为教师，我与学生们在一起时也能感到很多乐趣。这些活动常常是与有经费支持的、旨在改善学校的行动或其他一些有价值的项目相关联的。组织这样的活动是非常费时费力的，我不能确切地说出，有多少次甜面包圈上的糖浆粘在了我的汽车后座上；我也无法准确地计算出，自己为满足每个要求我购买包装纸的孩子花了多少钱。学校经常财力不足，当我们想为孩子们多组织一些活动时，我们最好的选择常常是自己筹集这些钱。

还有一个好办法，就是让学生以某种方式参与资金的筹集，从而使他们能更加深刻地感受到自己是学校的主人，他们做的事能够给学校带来一些变化。我们学校以前有一套非常旧的百科全书，书的大部分边角都已经损坏了，而且很多部分的内容也都缺失了。面对这样一套百科全书，喜欢蛇的孩子很快就只能对蜥蜴感兴趣了，想写一篇有关马丁・路德・金的报告的孩子也只好换题写乔治・华盛顿・卡佛[①]了。我们后来举行了一次抽彩义卖活动，学生们共卖了 400 多张门票，然后用所得的钱买了一套新的百科全书。书一买回来，孩子们就爱不释手地摸着它，好像它是金子做的一样。他们爱护这些书，因为他们为学校买书做出了自己的贡献。募集资金的活动可以在构筑集体感方面对孩子们产生积极的影响。

在斯诺登小学时，我们处在经济水平较差的区域，经常不得不想办法来募集活动所需的资金。每年我们都有一个“链环周”，每天早晨学生可以买一条链环纸。事实上，我们只是用了一些代表我们学校的绿色和白色的制图纸，把这些纸剪成大概 3 厘米宽、9 厘米长的条状。每天早晨，学生们都有机会以 10 美分的价格购买一条纸，然后他们就可以把这

① 乔治・华盛顿・卡佛（George Washington Carver），美国黑人科学家，发现了花生、甜薯和大豆的几百种新用途。——编者注

条纸加到班级里的链条末梢上。

每个教师在班上给链条起个头，这个链条从天花板上垂下来，然后在教室里环绕一周。每年，班级之间都有一个竞赛，竞赛内容就是看看哪个班募集的钱最多，班上的链环最长。在接下来的那个星期一，每个班的链环都会被拿到体育场上串在一起，成为一道绿白相间的“墙”。我们会举行一个盛大的鼓舞士气的集会，在会上宣布获胜的班级。那天下午，链环还会被留在体育场，供初中的篮球活动使用。募集的资金会被用来购买各种物品，包括学校物资、新制服和体育器材等。做这件事的妙处是不用太费力，所有的孩子都很激动，因为他们都可以为自己的集体做出一些贡献，这创造了一种集体感和高昂的士气。我曾见过一些学校用另外的方式使用链环，链环被放置在大厅过道里，从这一端延伸到另一端，这样，所有班级的学生就都可以看到谁是获胜者了。除了让学生花钱买链环纸外，还有一个方法，就是当学生阅读完一本书或一周都能保持良好的出勤纪律时，就可以给他一条链环纸。我们有很多方法来做这件事，无论采用哪种方法，链环都给学校环境增添了激动人心的气氛，这是一种激励孩子非常棒的途径。

我们进行的另一个活动是在不同年级间进行比赛。具体的过程是：发给每个年级一个胶带密封好的大钱罐，由负责老师在胶带上签字并以特定的方式摆放好这个钱罐，这样，一旦它被破坏过了，教师就会发现。钱罐的顶部有一个投币口，比赛要求学生在一周内尽可能多地筹集资金。但是只有硬币才能被放进钱罐。如果有人把纸币放进去了，那么纸币的价值就会被从集资的总数中减去。整个星期，各个年级必须保管好钱罐，以免其他年级有人接近它并把纸币投进去。到了周末，我们就会找出筹得钱数最多的班级，所有筹集到的钱会成为一项基金，学生们可以用它来进行舞会布置、郊游或制作班级 T 恤等活动。

还有一些开展全校范围活动的方法，运用这些方法你不仅可以在学生心中构建集体感，而且不必募集资金。当我在高中执教的时候，每年我们学校都有一个装饰竞赛，各个年级的学生负责装饰辅导教室的门。早晨集会时，我们就计划好了如何装饰那扇门，但自愿参加艺术装饰活动的学生必须在放学后留下来完成这个计划。一般来说，我们只是拿一卷绘画纸，剪出一些字母，把它们贴在门上，这样就出现了一组图案。通常，这组图案有一个主题，我们必须有创造性，以保证我们的门与装饰是和谐一致的。当我们走进教学楼的时候，看见各种各样的创意风格。就会想起人们在设计中花费了多少心血，那真是一种非常棒的感觉。

最好的校长会将培养孩子的热情放在一切工作的首位。他们愿意放下自己的架子，只要有助于鼓舞学校的士气，他们就愿意扮演任何角色。在斯诺登小学，我们的校长罗伯逊女士总是愿意配合任何我们构想出来的激励学生学习的方法。我记得有一次我们举行了一场“泥巴校长”的比赛。在这场比赛中，我们要求学生阅读一定数量的书，达到要求的任何一个孩子都可以得到一杯泥巴，然后把泥巴扔到校长的身上。当我坐在罗伯逊女士的办公室里告诉她这个想法时，我想她肯定会说我失去理智了，但让我惊奇的是，她只是说：“克拉克先生，我会为孩子们做这件事。”

请注意，到了扔泥巴的时间，罗伯逊女士从头到脚披上了她能从衣柜里找到的每件旧衣服，而且戴上了我平生见过的最大的太阳镜。孩子们喜欢这个活动，所有的孩子都疯狂地读书，因为他们不想在扔泥巴的时候被排除在外。

扔泥巴项目非常棒，但我们还有另一个计划，准备在罗伯逊女士不愿意被扔泥巴时使用。这个计划叫作“把校长放在屋顶上”。具体细节是这样的：每个班的学生只要读完了一定数量的书，就可以坐到教室外的草地上，抬头看着坐在学校屋顶上的校长读故事给自己听。不知何故，罗伯逊校长认为被扔泥巴是更好的主意。我倒是觉得，让她坐在学校的最高处同样也是一个好主意。而对于孩子们来说，往校长身上扔泥巴显然要好玩得多。

我最近访问了一座小城，那里有鼓励人们读书的非常棒的项目。最初这个项目是由学校发起的，鼓励学生们在一学年中阅读超过 10000 本书。一段时间之后，教师及所有与学校有关的人员都参加了这个项目，包括监护人与管理人员。最后，整座小城定下了一个阅读 500000 本书的目标，住在小城的每个人都要尽可能多地读书，以达到那个总数。当我访问那里的时候，每到一处，总是听到人们在互相询问："你现在读什么书？""你读了多少本书？""你知道本城目前的读书总数是多少？"每个人都对此津津乐道。读书计划给那座城市的每个人提供了话题，为大家设定了一个共同的目标，把人们紧紧地联系在了一起。年末的时候，人们举行了一次庆典。它是为每个人举行的庆典，几乎整座城市的人都参加了这一庆典。这样的读书计划也是你可以采用的一个极好的办法。你也许需要指定一个人或成立一个委员会来组织这个活动，所有的活动参加者读完一本书之后都要向其报告。也可以提供一个网址，参加者可以在上面登记自己的读书数目。我想人们都愿意每天到网上看看，看看读过的书又增加了多少、自己离目标总数又近了多少。

还有许多有创意的增强凝聚力的方法。今年，我参加了得克萨斯伯奈特学区学校的开学典礼。我参加过很多开学典礼，但这次的是我平生所见的最为独特的一个。这个开学典礼在一所高中的演讲厅举行，厅内到处彩旗飘扬，不同学校的 T 恤代表着各自学校的骄傲。主席台上摆放着 50 多个礼物篮，里边装满了本地商店捐赠的各种物品。主持人宣读获奖师生的名单时，人们上台领奖，乐队就会开始演奏欢快的乐曲。每个人都欢呼着，拍着其他人的肩膀。典礼结束时，每个走出大厅的人都觉得充满活力，都为自己的集体感到自豪。就这样，一个新的学期开始了。

开学典礼是否豪华隆重并不重要。重要的是，教师和学校管理者们找到有创意的方法，在新学年里点燃热情，使每个人都紧紧团结在一起，产生一种集体感和团队精神。

如何让自己不具有“说教”色彩？

放下架子，给教育注入乐趣！

我曾被邀请给一所学校的学生进行演讲。那次经历是我永远难以忘怀的。站在 500 多名无精打采的高中学生面前的我，是一个瘦削、苍白的白种男人，穿着一身古板的套装。很显然，他们对我所讲的内容一点儿兴趣都没有。看起来好像如果有谁对我的演讲表示出兴趣，他就会显得一点儿也不酷。一开始我先讲激情，然后讲梦想，讲设立目标、成为领导者。我讲得很投入，手舞足蹈，却好像在对牛弹琴。学生们开始交头接耳，再这样下去我就会完全失去我的听众了。我想，该是拿出自己的“戏法袋”的时候了。我向后台的工作者示意“播放”，很快音乐声在报告厅中响起，我跳到了讲台上，突然唱起了一段说唱乐。歌词是我从当时非常流行的一首说唱歌曲中选出来的，我对它们进行了改编，它们成了这样：

你会发现我在教室里
手里捧着一摞好书
只要你想阅读它
我就会找出你的所需
我是一个好学生
我不想被大家抛弃
如果你懂得我所说的
就不妨为我打打气
当我一旦名列前茅

就不会放慢前进的脚步
当你读到一本好书
你就会变得永不满足

我还跳了一段舞，那是哈莱姆的学生教给我的，那些孩子们站了起来，开始伴着我的说唱大声叫喊、欢呼，完全地投入了进来。在我演讲的剩余时间里，他们都专注地坐着，眼睛瞪得大大的，听着我所说的每个字。我一直记得，我的大学老师在演讲课上告诉我："演讲者最重要的本领是要了解他的听众。"他是对的。无论你是在讲课，是在和自己的孩子谈话，还是在进行一次演讲。获得成功的关键都是你要了解听众的特点，并找到与他们发生联系的方法，然后他们才会愿意听你的。作为父母或教师，我们都要记住，不要使自己太严肃，这一点很重要。我们本可以开怀大笑、跳舞、唱歌、做鬼脸，或者做一些不寻常的事，我们要心甘情愿地放下自己的架子，给教育注入一些乐趣。有时它需要创造性，与众不同的、戏剧性的东西才能抓住学生的注意力，才能使你赢得他们的钦慕与尊重。

如何赢得学生的尊重？

↓

用创意让他们知道，他们对你来说很重要！

当人们看见你为帮助他们付出了许多努力的时候，他们通常会对你表现出更大的尊敬。打破常规并富有创意地采取行动，不但会给人留下深刻印象，而且会被人们深深地感激。我记得有一年圣诞节，在等待圣诞老人降临的时候，我写下了一位教师的名字，她从来不对任何人表示友好。我采取了任何能尝试的方法来为她制作特别的、有新意的礼物，每天将礼物放在她的盒子里。最后，我写了一首长诗，赞扬她是一个多么棒的教师。我把这首诗用镜框装了起来，并配上了她的照片，照片上学生们在四周围绕着她。我敢肯定这对她触动很大，从那以后她对我非常友善，因为我以不同寻常的方式为她做了一件美好的事情。

在我成长的过程中，虽然我和我父亲的关系并不怎么亲密，但他却是一位非常优秀的父亲，我也非常敬重他。在我执教的第三年，我的学生总是说他们想见见我的父亲和母亲。因为我讲了许多有关他们的故事，我想孩子们一定是想看一看这些故事是不是真的。我的父母同意见见这个班的孩子们，当他们走进教室的时候，我惊呆了，因为他们手里拿着好多东西，我的母亲烘焙了令人垂涎欲滴的甜点，那是用她自己的秘方做成的。我的父亲做了一个巨大的三面展板，其中一面贴满了一座新医院的各种图片，那座医院是他设计的。他一边指着图片，一边向孩子们介绍他的工作。我对他在制作展板方面所付出的时间和努力印象非常深刻。当他把展板转向另一面的时候，我惊讶得嘴都合不拢了——那上面贴满了我的照片，展示了我从婴儿到成人的成长历程。我的学生兴奋极了，我的父母也不住地笑。我给孩子们讲解每幅照片，我的父母在旁边证实了所有的故事都是真的。当我看着这些照片的时候，我对父亲产生了深深的感激之情。他的工作很忙，却还花这么多时间和心思为我做这么有创意的事情——我知道就是把全世界都给了我也比不上这一切。

从那以后，我开始以不同的眼光看父亲，我们的关系也更加融洽了。这也许是因为我长大了，开始成熟了起来。不管是什么原因，我开始感觉到他是多么的关心我，他一次又一次地为我做不同寻常的事情，这是多么美好呀！

教师的工作是帮助学生成长。在这一过程中，如果我们能够花时间为孩子们做一些特殊的事情，表明他们对我们有多么重要。那么孩子们的心中就会留下永远美好的回忆。

体验与反思

- 在教育孩子这件事上，你有创造力吗?
- 你觉得什么方法有助于培养孩子的创造力?
- 我们是否因为学习而扼杀了孩子的创造力?
- 读完本章对创造力的介绍，你有哪些收获与感受?是否引起了你的共鸣?

4 反思

生而知之者，上也；学而知之者，次也；困而学之者，又其次也。

——孔子

年复一年，孩子们会在厨房的墙壁上记录自己的身高，这是一种成长的轨迹。除此之外，我们还应该让孩子们看到他们在所有发展领域中的成长和进步，而不仅仅是身高的变化。从错误中学习并将得到的知识留在记忆中，有助于孩子们成为更有深度的个体，进而使他们对于自己是谁、应该如何选择生活获得更好的感觉和判断。

如何让孩子增强自信、树立自豪感？

↓

举行一场仪式来认可学生的努力，
奖励他们的优秀表现！

学年结束时，我通常会为学生举办一个授奖仪式。整个学年，我对他们抱有很大的期望，当学年的最后一天到来时，我不想让我的学生只听到一句“干得好”就走出教室。我想创造一点儿特殊的气氛。举行一个仪式来认可学生的努力、奖励他们的优秀表现，以此作为学年的结束。

我组织这种活动的方式是非常费钱的。通常我会准备一些桌布、多纳圈、果汁、气球、花束，以及许多的奖牌、纪念盘或奖品。在北卡罗来纳，我们通常会在进行水边野餐时举行仪式；而在纽约，我们则会在咖啡馆里进行授奖。地点并不重要，重要的是学生的家长们、朋友们和家庭成员们都会被邀请来，共同分享学生们在一学年中取得的成功和他们的喜悦之情。

我通常会进行一些资金筹集活动，来准备授奖仪式所需的花费。

到了离校日那天，学生们穿着最好的服装与他们的父母及家庭成员来到了学校。他们坐在装饰光鲜的桌子旁边，教室里挂满了气球和彩条。

我站在讲桌旁，为孩子们颁发各种各样的奖品。每件奖品都刻上了孩子的名字及获奖原因。这些才是真正的好奖品。我本来可以只发证书，但我需要有特殊意义的奖品。我想让孩子们感到自己与众不同，他们的成绩值得给予最好的奖励。

当我宣读每个奖项的时候，家长和学生们都静静地等候着。我先讲一讲某个学生在一年中取得的成功，但不说他的名字，这样可以使大家心里产生一种期待。然后，我用如下的方式揭晓获奖结果："我非常荣幸和骄傲地宣布，阅读进步奖获得者是一个非常有潜力的杰出学生——德全·约翰逊！"每个人都热烈鼓掌，德全腼腆地笑着走上前来，握了握我的手，接过了奖品。

每年当我举行授奖仪式的时候。学生们总是情绪高昂，我会令每个人都激动得说不出话来，甚至会有几位家长忍不住哭了。哈莱姆的一位男家长哭得很厉害，我不得不提高嗓门来压过他。他不会说英语，仪式结束之后，他的女儿告诉我："我爸爸举家移民到美国的时候，不知道他的孩子们是否会在学校里取得成功。今天他认识到当初他做出的决定是正确的，所以他哭了。"

我并不是在鼓励教师花自己的钱来举办那样的活动。事实上，教师花费很多自己的钱对学生进行教育应该是一种耻辱。每年，美国的教师大约会在教育学生的问题上花费 10 亿多美元，而这些钱都是他们自己的。我想说的是，他们完全可以从别的途径筹集到资金。有时，你只需给本地的商业机构打几个电话，解释一下你为了孩子们需要一笔资金，大部分的老板就会愿意资助你。如果那样做不能奏效，搞一次多纳圈促销活动也可以帮你们净赚几百美元，这对于举办一个精彩的授奖仪式来说已是绰绰有余了。不管你通过什么方式筹集资金，只要能使孩子们增强自信、树立自豪感，那么做什么就都是值得的。

一个优秀教师应具备的最好的素养是什么？

让学生从自己的课堂中学到东西！

一个优秀教师所应具备的最好的素养之一，是他能从自己所教的每堂课中学到东西。教学总是会有需要改进的地方。我总是为我上的第一节历史课而遗憾，因为到我上第六节的时候，我的课会更加精彩、更有组织、更吸引人。我记得有一次我被要求整理自己的教案，并对我教过的一堂课的录像进行分析和自我评价。我当时认为那是我所听到过的最为疯狂的事情。我觉得我已经上过课了，我知道自己说过的话，也知道自己是如何教课的。然而，我还是在别人的指导之下做了那件事。当我观看录像带的时候，我大受震动。有好几次我觉得自己讲得太快了：另外几次学生们本来需要更详细的讲解，而我却只是自顾自地继续讲下去。我注意到我站得太靠教室的左边，整堂课我没有叫泰利回答过一个问题，尽管每次提问时他都举手了。那盘录像带向我揭示了很多问题，如果不是它，我永远都不会意识到那些问题。通过录像带来反思自己的教学过程，找出自己的缺点，这是一种受挫的体验，同时也是很好的学习经历，它能使你未来的教学得到改进和提高。

我的搭档教师琼斯女士多年来积累了大量的备课资料，上面记录了她教过的所有数学课的内容。她把这些资料放在屋子的显眼处，每天她都翻到下一页，找出幻灯片、作业纸、授课计划和评注。在那些评注里，她有一些改进教学的建议，通过阅读这些建议她可以把课上得更好。年复一年，她的教学变得越来越有组织，同时更为有效，因为当她想到一些改进教学的方法时，她总能花时间把这些关键点增加到课堂中去。她是一位真正优秀的教师，她的丰富经验及其对教学的反思都使我受益良多。

如何整理我们的情绪与感受并做出反思?

↓

坚持记日记!

每当我想起上小学的那段时光时，许多记忆就会清晰地浮现出来，如同昨日再现。我记得有个老师让我抄写字典中整个“S”部分的内容，因为我总是在课堂上说话。我记得上三年级时，伍拉德女士在察看帕姆·毕佛的头上有没有虱子时晕了过去，当时我们所有的人都以为帕姆的头上长了虱子，但实际上是伍拉德女士怀孕了。我还记得上五年级时，斯蒂芬·帕兹特呕吐了我一身，爱德华女士给了我一块糖来使我感觉好一点。一块糖？那个男孩可是毁了我的衣服呀！

在所有的岁月和记忆中，我上六年级时的那一段记忆比其他任何时候的都清晰得多。我甚至能按顺序记起沃克女士所教的课程、墙上的公告板、我的座位在我的朋友们的什么位置，以及那一年我心中的情感。能够记住这一切的原因是沃克女士让我们记日记，每天我们都要写下自己的“情绪”——我们感觉如何，我们在想什么，等等。我们的日记本从来没有离开过教室，直到期末那天，沃克女士告诉我们可以把日记本带回家了。我走出教室，手里好像拿着 100 万美元。我对沃克女士永远都感激不尽，她每天都给我们留出五分钟时间来写日记。我的日记里记录了我的各种渴望：一条新伞兵裤，超过汉列特·摩尔等。我还记录了那一年中我们进行的各种活动、我所学到的东西，以及学校里最让我兴奋的事情。此外，我还反复地表达了对于自我的感觉、我的梦想，以及我的生活目标。直到今天，我还保留着这个日记本，它将一直是我最珍贵的东西。

我认为父母和教师应该鼓励孩子们每天记下他们的感受。记日记不仅是整理我们的感受和情绪的方法，而且也是保存记忆的途径，不然这些记忆就会随时光的流逝而消失。我唯一的遗憾是我只记了一年日记。真希望当初我有更多像沃克女士那样的老师，给我们时间，坚持让我们记录生活中的特殊事件。

如何让背诵变得简单？

↓

在课堂中融入需要学生记忆的内容，
让所学的知识变得具体、深刻！

当我上五年级的时候，爱德华女士让我们背诵亨利·华兹华斯·朗费罗的散文诗《保罗·里维尔的旅行》。如果我们背会了 20 行，那么我们就可以得到一块糖。我发誓那位女士严格地控制着发糖的数量，就像那些糖是无价之宝一样。如果我们背会了 30 行，就会得到两块糖，以此类推。当时我并不理解为什么背诵这么重要，但当我回首往事时，我几乎能记起她教给我们的所有知识。我还记得自己站在全班同学面前背诵那首诗的情景。我能看见梅兰妮·艾伯朗坐在那儿，透过厚厚的眼镜片盯着我，脸上挂着洋洋得意的表情。她已经背会了每行诗，而我还在试图弄清诗中出现的到底是“古老的北拱门”还是“钟楼教堂”，以及那座塔上到底有多少灯笼，真是一团乱麻。最后，我总算把那首诗背会了，那段时间学会的东西我一直都没有忘记。

当今的教育似乎不太重视让孩子们背会某些知识。有了因特网和计算机，孩子们想知道的每样东西都在他们的指端，所以他们几乎不需要记忆任何东西。在一些学校里，教师们甚至不怎么教乘法表，因为计算机是如此的普及，他们觉得心算已经没那么重要了。每个教师都致力于教孩子们如何进行研究，如何找到问题的答案。我同意教给孩子们这些技能是很重要的，但首先我们必须让他们掌握研究的工具，只有这样他们才能成为终身学习者。此外，我们还必须让学生学会思考他们自身的问题，掌握丰富的知识，进而从中获取灵感。

在我上过的许多课中，我都会尽量融入一些需要学生记忆的内容。我希望通过这种方式，他们可以把我教的内容与他们记忆的知识紧密地联系在一起。这样，他们所学的知识就会非常具体、深刻。就像爱德华女士那样，我也一直让我的学生背诵散文诗《保罗·里维尔的旅行》。此外，我们还要背数学歌谣、各个州和首府的名称、著名科学家和他们的成就、美国历届总统的名字，亚伯拉罕·林肯和马丁·路德·金的著名演讲、探险家的名字、著名的历史事件、世界各地的名胜，以及诸如此类的许多知识，它们都是在课堂的学习内容里出现的。这些知识是对课程内容的一种简要补充，我只是让学生在家中背诵它们。课堂上，我会不时地叫起某个学生，让他背诵必要的相关知识。

多年来，我始终坚持让每届的学生们学习美国国歌。每当我从电视里看到人们在奏国歌时没有表现出应有的尊重，我都会非常气愤。奏国歌时人们应该笔直地站立，在这方面运动员通常也没有做出最好的榜样，但最近发生的一件事给我留下了深刻印象。当时我在观看亚特兰大鹰队与克利夫兰骑士队的一场比赛。在唱国歌的时候，我看见坐在前排的一群少年正在取笑一位著名的骑士队队员，勒布朗·詹姆斯。他们不停地冲他喊叫，对他指指点点。尽管他们离他只有 3 米远，但勒布朗却好像什么都没有听见一样，他始终看着国旗。我对那些孩子非常不满，但我不知道该做点什么。国歌唱到一半的时候，勒布朗终于表示自己注意到了他们。他转过身来，用低沉而坚定的声音说："放尊重点，把帽子放在胸前。"然后他转过身去，继续安静地注视着国旗。令人惊奇的是，那些孩子摘下了帽子，按照勒布朗的话做了。对于一个 18 岁的球员来说，我认为勒布朗的批评使他表现得非常成熟，我对他的敬意也油然而生。然而，有很多孩子像那些喊叫的少年一样，在唱国歌时并没有表现出应有的敬意，因此，我和我的学生们不但一遍又一遍地练习国歌歌词、练习如何面对国旗站立，还学习对国旗国歌表示尊重的重要性。

我们知道，许多人对于站在众人面前讲话都感到非常恐惧。实际上那就是我让五年级学生当众背诵诗歌的原因。我知道他们年龄越大，就会对此越害怕。如果他们已经习惯了在众人面前讲话，并掌握了应对的策略，那他们长大后就能比较轻松地应付这件事。然而，有几个学生对此是如此惧怕，以至于我担心这给他们造成了相当大的困扰。对于这些学生，我告诉他们可以三人一组一起站起来背诵，但是我提醒他们，他们小组的每个人会得到相同的分数，所以他们最好做好充分的准备。如果一个人弄糟了，就会影响每个人的分数。这个办法确实很有效，因为孩子们非常努力，小组合作也非常好。

我鼓励每位家长和教师在他们的教育和教学中融入某些记忆性知识。不必太多，但不时地穿插一些这样的知识将有助于学生丰富思维，进而获得一种极大的成就感。

最后，对于那些期望孩子们能记住某些知识的家长和教师，我还有一句忠告：你自己首先得有能力而且愿意记住那些知识，因为你将听到的来自孩子的第一个问题会是——“你自己记住了吗？”

你的班级是否拥有自己的学年手册？

学年手册让孩子们看到自己的成长，学会反思！

随着我的成长，我开始深深地感激我的父母。我每天给他们打电话，随便聊聊，看看他们在干什么，了解他们一天的生活。他们非常风趣，每天总是有新鲜事要告诉我。2003 年年初，我告诉我的妈妈，如果某一天我拿起了电话，却不能再听见他们说话的声音，不能再与他们分享生活的体验，那我将不知道我会做什么。这个想法使我很害怕。

圣诞节的早晨，我们通常会收到特殊的礼物。我的礼物来自我的父母，当我打开那个美丽的银色盒子时，我看到了一本剪贴簿。我翻开第一页，看见一封妈妈写给我的信。信中提到，过去一年的每天她都会记录我爸爸和她的生活。她创建了一本信件式的日志，其中描述了她的想法、有趣的故事、我父亲照的照片、纪念物、忠告和他们的回忆。她说如果有一天他们不能再陪着我了，他们希望我能拿起那本剪贴簿，这样就好像他们还在我身边一样。

我如此热爱我的父母，他们花时间为我创造了这样一个特别的礼物。这本剪贴簿使我几乎能穿越时光，触摸昨日的记忆，它让逝去的时光栩栩如生。

对于许多学校来说，拥有一本学年手册是很平常的事。但一个班级能拥有自己的学年手册就显得不那么寻常了。这常常是因为人们缺乏必要的资金和时间，来把当年的照片及其评注整理在一起。然而，只要我们付出了努力，那拥有班级学年手册的梦想就还是能够实现的。

当我在北卡罗来纳执教的时候，我在班里实施了一个为期一年的方案。为了这个方案我花费了很多时间和精力，我希望通过它来寻找一种方法，能够保存学生所学到的内容。我与“触摸生活”公司取得联系，得知为班级制作软皮学年手册需要花费大约 1000 美元。这项费用包括了所有的胶卷及相关的制作材料费。该公司会给我们提供 60 份制作好的学年手册。为此，班里的学生进行了三次多纳圈促销活动，我们很快筹集到了那笔钱。

那一年里，学生们放学后会留下来，把记录班级生活的照片和他们对该照片的描述性文字放到“触摸生活”公司所提供的纸张上。有好几次学生们出现了语法错误，没有选用最好的照片，或者超出了页边线，但我尽量不进行评论，因为我想让这本学年手册真正属于他们自己。所有的单页都完成了，我们就立刻把它们送到“触摸生活”公司，同时开始焦急地等待着拿到制作好的学年手册。好不容易到了学年手册被送到学校的那天，我觉得自己兴奋得像一个小孩子，我把那个大盒子放到全班同学面前，然后我们撕开了包装纸。当我拿出第一本学年手册的时候，班里响起了一阵“啊”“呀”的惊叹声。

这个方案中最精彩的亮点之一是一个名叫马洛斯的男孩。他是一个非常安静的孩子，以前的教师给他“贴”了一个错误的标签，说他有学习障碍。他常常低着头，功课也达不到年级水平。但他的有些事值得一提，让我们来说说吧。当我们讨论怎样制作学年手册的封面时，学生们认为，如果封面由他们自己制作将会非常精彩。我们的图案要包括世界各地的名胜，于是学生们开始画各种不同的建筑物，从白宫到埃及金字塔，还有中国的长城。学生们用了各种类型的蜡笔、记号笔、尺子、图片、书，以及任何他们能找到的材料。然而，只有马洛斯自己一个人坐着，只用一支铅笔和一张纸的边缘在他的画上画出了很多线条。当我站在他面前的时候，他紧张地捂住他的作品不让我看。我知道他都要喘不上气来了，就平和地对他说:“让我看看，马洛斯。”当他抬起胳膊的时候，我看到了世界上最令人惊叹的书籍封面。那完全是马洛斯在没有使用任何图片和尺子的情况下设计的。这些意象藏在他的大脑中，他用纸的边缘和心爱的铅笔完成了他的杰作，他脸上的表情显得很坚定，同时也有些自豪。

后来我带马洛斯去做测试，我们发现他实际上是一个很有天赋的孩子，只不过他的天赋要通过艺术来表现。

发现马洛斯的才能只是制作学年手册的精彩收获之一。我的学生在设计、构图、组织、编辑及通过写作表达情感方面学到了很多。他们自始至终独立地制作了一本手册，完成之后的自豪感写在了每个人的脸上。一学年是如此美好的一段时光，充满了值得记忆的事件，记录了孩子们成长的过程。对于那些孩子来说，把这些经历写在一本手册里是一件令他们难忘的事，他们将会永远保存这本手册，并与自己的孩子、孙子分享，这是多么美好的事情呀。我相信，很多人读到这里都会非常渴望拥有一本自己的学年手册，那上面记载了他们上五年级时的点滴往事。

想象一下：你翻看着那本手册，看到自己10岁时的各种想法，回忆起那时的所有同学和好朋友的面孔，以及那一年你所取得的成绩和所学到的本领……多酷啊！我认为，对于任何一位教师来说，为学生们创造这样一个特殊的礼物，都是一件值得并且应该做的事。

我在纽约城执教的第一年里，因为工作非常忙而没有时间考虑制作班级学年手册。到了第二年，我真的非常想为我的学生制作一本手册。然而，班上有37个孩子，我上课前和放学后的所有时间都用在了辅导学生和处置违纪学生上。我实在没有时间开始制作那本纪念册。我唯一能做的就是尽可能多地拍照片，并要求我的学生写下他们对于每次旅行、课外活动和实验的评论，然后把它们收集起来。我还给家长们寄了一封信，希望得到一张他们孩子婴儿时期的照片。我解释说这是一个班级活动方案所需要的。然后我让学生们填写一张表格，它包括这样一些项目：我最喜爱的食物、今年最美好的记忆、未来10年里我会做什么等。周末，我忙着为孩子们整理材料，以形成一本班级学年手册。在第一页，我选了一张所有学生在操场上的精彩照片，在最上面写着“令人惊叹的6-211班”。从第二页开始，我贴上了每个孩子的班级照片及其婴儿时的照片，在照片的右侧，是那个孩子填写在表格里的所有信息。手册的其余部分是我们旅行时的照片、我们学习的内容、科学展览的内容、六年级毕业典礼的内容、其他值得记忆的事情，以及我从学生那里收集来的、他们对这些事情的评述。

这些步骤完成之后，我去本地一个办公用品商店买了50个文件夹。文件夹里的每页都有一个透明封面。这样，我把每页纸放进去的时候，它都不会被折弯、撕坏或弄脏。星期一放学之后，我完成了那本手册的所有备份。热心肠的科学教师斯科菲尔德先生帮我把每页纸装进了文件夹。到了离校日那天，我们在礼堂举行了一个集会。我告诉学生们，我有一件毕业礼物送给他们。当学生们走进礼堂的时候，他们都犹疑地看着那本班级学年手册。他们坐下来，一个接一个地翻开它。我料到他们会尖叫或大喊，但那会儿礼堂里却安静得连针掉到地上都能听见。他们静静地坐在那里，仔细地看着每页手册的内容，细细地欣赏和品味，然后才翻到下一页。那是一个美好的时刻。我从未见过学生这么真诚地表现对一件东西的欣赏。

一个教师的工作是永远做不完的，考试评分、教师会议、教案、午餐照顾、家长会、教学计划……看起来我们永远没有时间真正去从事教学，花时间为班里的学生创建一本纪念册就更是不可能的了。然而，只要能挤出时间，你就应该为孩子们创造一份特殊的礼物。随着岁月的流逝，这份礼物会弥足珍贵。

如何让孩子们看到自己的进步？

你可能需要一张地图！

无论何时，只要我们能向孩子们表明他们学到了多少东西、他们在一学年中的成长变化，那我们就是非常成功的。在开学第一天，我总是发给学生一张空白的世界地图。我要求他们尽其所知，填写洲、国家、州、首府、山脉和海洋的名称。有些五年级的学生会告诉我，他们不知道任何地方。我向他们保证我绝不会看他们的地图，所以他们只需尽力填写。当他们完成之后，我把地图收上来，收的时候我的眼睛看着天花板，然后把它们放到教室里的书架的最高处，并保证绝不会动它们。

整个学年，我会对学生们强调地理知识和世界各国文化知识的重要。我希望我的学生对其他国家及其宗教信仰、生活方式有更好的理解。大部分孩子几乎不了解其他国家和这些国家的文化，我认为这是一种遗憾。我记得我上学的时候，教师们总是在地理教学中把焦点放在美国，而我们几乎学不到有关其他国家的知识。有些学生甚至得不到对美国的很好理解。

我喜欢向学生们——不但是我的学生，而且也包括所有的学生们——提的一个问题是："你生活在哪里？"他们几乎都会说出他们所在的城市或州的名称。我访问日本时，参观了很多学校，我被介绍给学生们，然后同他们进行简短的交谈。学生们通常会问我来自哪里，我会回答："美国。"然后他们会接着问："美国的哪里？"我会回答："北卡罗来纳州。"许多学生会再接着问："哦？你生活在罗利还是夏洛特？"我很吃惊，他们对我们国家的地理情况竟然如此了解！这些孩子只有10岁左右，而我们自己的学生却大部分都达不到这种程度。

这就是我为什么花很多时间在班上强调地理学习重要性的原因。在北卡罗来纳，我有一幅非常精美的、能挂在墙上的地图。每当我们在阅读中遇到一个新的地名时，我都会飞快地走到地图前面，指出那个地方，说明它与我们的方位关系。我们还进行地图测验，为此学生们不但得学习各个国家的地理位置，而且还要了解它们的语言、货币、首都、宗教信仰和风俗习惯。我们还会玩一种游戏。游戏中每个学生都站起来，我在地图上指出一个地方，然后让第一个学生说出它的名字。如果这个学生说对了，他仍然可以站着；如果这个学生说错了，他就得坐下。这是一个快速反应游戏，学生只有3秒钟来说出这个地名。孩子们爱极了这个游戏，很快，所有的学生都能够说出我选定的任何州、国家、山脉、海洋的名字了。

当然，我教给学生的这些知识并不是课程标准要求的内容。当我到了纽约城，我为此遇到了一些问题。首先，教室的墙上没有地图，所以每当我想指出一个地方时，就不得不用投影仪。其次，管理层人员并不理解，我为什么要花这么多时间教这些根本不会出现在期末考卷上的知识。这对我确实是一个障碍，我必须首先保证把所有的基本知识都传授给学生，而且学生都能达到当地的学习标准和要求。为了有效地解决这个问题，我选择了几本涉及世界各国地理和人文知识的小说来读。在社会历史课上，我不但教授美国历史知识，而且还讲解美国与其他国家和地区的关系；在科学课上，我们学习世界各地的大洋洋流，当我们讨论蒸发和降雨现象时，我会指明世界上各大湖的名称；在物理课上，我把学生分成七个小组，每个小组都用七大洲中的一个来命名；在健康课上，我会展示一些图表，表明世界各国人民的健康状况，以及各国人民的寿命长短和婴儿出生率；当我们庆祝节日的时候，我会用地图表明世界上还有哪些国家也在和我们共度这个节日。总而言之，我利用每个机会把地理知识整合到我们的课堂中来。

到了离校日那天，我通常会再发给学生一张空白的世界地图，要求他们填写自己知道的所有地方，这一般需要一小时的时间。学生们尽可能地快速填写，在地图上标明山脉、首府、重要城市等的名称，学生们完成得非常棒。然后，我会取出开学初的那一份地图试卷，把它们发还给学生，学生们大受震动。他们简直不相信前后两份卷子之间的巨大差别，以及他们在一学年里取得的进步。从几乎空白的地图到标注清楚的地图，它们之间的差别显示出，每个学生都掌握了丰富的知识。

不管教授哪门课程，教师都应该设法让孩子们知道，通过努力他们学到了多少东西、取得了多大进步，这是塑造学生的自信心、给他们以成就感的极好途径，而这个过程其实可以是非常简单的。你可以比较学生在不同阶段所写的作文、数学测验的成绩，以及任何能表明他们学习状况的评估数据。

家长也可以参加这个过程。我的一个梦想就是让美国的每个家庭都在冰箱上贴一张世界地图。每当电视节目、电影、新闻及其他任何媒体提到一个地名时，我们都可以花一点儿时间在地图上指出这个地方的具体位置。如果你对这项活动感兴趣的话，请光临我的个人网站，网址是www.ronclark.info，在“教师资源”栏目下点击“打印世界地图”。打印一份世界地图，用它来测试你的孩子或学生，帮助他们练习。尽量向你的孩子们解释世界上其他地方的情况吧，这样，他们的眼界就会更开阔。

你善于让孩子们分享自己的经历吗？

学长学姐的建议对孩子们才是最智慧的！

我们大部分人拍照片的一个主要原因，不仅仅是因为我们想看看自己，而且也是因为我们希望与他人共同欣赏这些照片。不管是日记，还是纪念册、相册或其他承载回忆的物品，它们都是很好的素材，让我们能与朋友和家人分享自己的经历，帮助他们更好地了解我们。

我在北卡罗来纳的搭档教师芭芭拉·琼斯每年都会给班里的学生举办一个精彩的活动。在离校日那天，她会让学生们写一封信，收信人是“亲爱的六年级新生”。在信中，他们会谈谈自己在这一年里所学到的东西，讲述这一年里发生的最美好的事情，以及他们为什么会喜欢上六年级。然后，他们会给未来的六年级新生提一些建议，告诉他们如何在琼斯女士的班级里取得成功。琼斯女士把这些信件收集好，到了秋季开学的第一天，她把那些信发给每个新生。这是一个特殊时刻，那些小孩子们得到了来自学长学姐们的充满了智慧的建议和忠告。

如何留住美好时光？

↓

反思使我们的记忆更长久！

我非常自豪我能保留有关六年级生活的完整记忆。感谢那一年我所记的日记，我因此能对很多事件记忆犹新，包括为沃克女士举办的晚会、我对丽莎的单相思（那是一种爱恨交织的情感）、对艺术竞赛的期盼、每天早晨与汉列特·摩尔的赛跑、每天走进午餐室时能闻到的最美味的蔬菜汤的味道。我希望从现在开始，我从前的学生也会看着他们的纪念册和日记，重温美好的回忆，脸上展露笑容。妈妈为我制作的那本特殊的纪念册深深地打动了我，我会一遍又一遍地翻看它，我会对母亲永远感激不尽，她给我的礼物使我能永远留存对她和父亲的美好记忆。

制作一件这样的礼物确实需要花费不少的努力和时间，但请相信我，这样做绝对值得。

数学与写作是相通的吗？

↓

是的！重要的是思维过程！

在第一年教书的时候，我决心把孩子们培养成优秀的作家。不管他们是不是会写作，他们都将成为伟大的作家。我每天睡得很晚，批改作业。我会和学生一对一地面谈，指出他们作文中的错误。我们写啊、写啊、写啊，最后他们的字倒是写得越来越好。但是，对于大多数学生来讲，写作文的能力并没有得到提高，那一年年末，我们班的作文成绩是全县倒数第一。我不明白自己哪里做错了。那一年，琼斯女士的学生的数学成绩是全县第二。我注意到她向学生演示她的解题过程。她会带着学生一步一步地解每道题，向学生展示她的思维过程及解题思路。我想如果这种方法适用于数学，那它也一定适用于写作。

下一学年年初，我做了一些投影片，在上面画了一些简单的线条，每天我拿出课上的一部分时间教写作。不管学生当天的作文题目是什么，我都先写一遍，向孩子们演示我如何写这篇作文。我讲整个写作过程，解释开题句的重要性，讲如何自始至终避免重复，怎样努力使文字读上去有趣，同时保持结构的条理性。很快这个过程进一步演化成不是我写给学生看，而是我和学生一起写。当我往投影片上写的时候，我会征求学生们的建议，这样当他们有了想法的时候就会说出来。他们不用举手，只需大声把想法说出来——绝不要挫伤他们的积极性，你只需做出评论和提供建议。我会挑出学生说到的好主意，说："噢，我喜欢这个想法。"然后把它写下来。我很少能够停下来，因为学生们有各种各样的想法，文章也就自然而然地写出来了。很快学生的作文水平开始有了明显提高。我会把他们签在作文纸上的名字去掉，通过投影仪放大，与全班分享。我们会指出每篇文章的优点和不足之处，并提供修改建议。在这一过程之后，学生们因为有例可循，写作水平也就有所提高；但当我给他们看班上其他同学的作文时，他们似乎更加喜欢写作了，且进步神速。不久我们开始以四分制给作文打分，在多次练习后，我允许学生们相互打分。我把学生分成 4 人小组，学生们轮流阅读同伴的作文并打分。我则参加到每组中，倾听他们的讨论，如给出某个分数的原因及对该篇作文的修改意见等。

对于大部分的写作作业，我只让学生们写一遍。那年年初我听到的意见之一是学生们讨厌写作文，因为他们必须一遍遍地修改，直到完美。我不想让学生在一篇作文上费那么多时间并为此对写作失去兴趣，所以我只让他们体会写作乐趣，作文只写一遍，而且尽量第一遍就写好。我发现，通过这种方式，学生能够有更多的写作机会，而且更加喜欢写作过程，也有一些作文需要我们再次修改、琢磨文字，但这并不常见。

体验与反思

- 你是一个善于反思的教师或家长吗？
- 善于反思给你带来了哪些改变？
- 你如何让孩子在错误面前进行反思？
- 读完本章对反思的介绍，你有哪些收获与感受？是否引起了你的共鸣？

5 平衡

事事皆可为。

——托马斯·爱迪生

我们生活在一个繁忙的世界里，大多数人在家庭、工作、朋友、运动、账单、电子邮件中挣扎。生活对我们来说是艰难的，对孩子们也是如此。他们必须保持好的学习成绩、做运动、参加俱乐部、交朋友并融入朋友们的生活、完成作业、打扫房间、做家务，还要不惹麻烦。生活中有太多的事情发生，很多人没有时间放松并找到一种方法创造出合理的平衡，让自己能够去做想做的事情。这对于教师和家长尤其糟糕，因为如果我们不能为自己的生活找到平衡的话，我们的孩子也会深受其害。

通过共同的努力，学年末的写作测试，我的学生得到了全县第一的好成绩。这并不是因为他们一直不停地写呀写，而是因为他们通过各种方式接触写作，使用了多种不同的技巧，如看到我的写作过程，全班一起写作，学会如何给作文打分，互相评判作文及互相交流作文等。在这个过程中他们写过各种各样的文体和主题，学会了通过文字表达自己的意见和情感。

这种方法可以应用到各个科目的学习上。孩子们的学习方式千差万别——有些人是视觉型学习者，有些人是听觉型，还有些人是体验型。有些孩子喜欢在安静的环境中学习，有些人则喜欢边听音乐边学习。作为教师和家长，我们要通过多种方式向学生们传递信息，这样我们的教育才能取得令人满意的效果。

琼斯女士现在依旧在教数学，每年她班上都有 90%的学生数学成绩达标。这是因为她以一种平衡的方式教授知识。她让学生们自学演算题，组成小组学习，通过计算机学习，通过书本学习，通过投影仪学习；他们离开座位，寻找“学校里的数学”，有时独自学习或与同伴学习。她通过多种方式提出问题，给学生提供多种解题通道。她鼓励学生们以自己的方式处理问题，并使用自己最拿手的策略。她的这种教学方式值得每位教师学习。

当我在纽约市教书时，我感觉自己好像无法满足班上 37 个孩子的需求。我总觉得自己做得不够好。然而，我用过的一个技巧在课堂上非常有效，那就是让学生们参与到我称为“音乐马拉松”的活动中来。我会在走廊里召集学生，说他们将进行一项宏伟的事业。我告诉他们有三条规则必须遵守：

1. 他们必须按小组活动。我会就如何合作学习和互相支持向他们提几条建议。

2. 如果听到音乐，他们必须在 3 秒钟内安静下来；音乐响起 3 秒钟后还有人说话的话，就扣整个组的得分。

3. 当他们听到音乐并完全安静下来后，必须走到左边的桌子那儿去。

就这些了，没有其他规则。然后我就开始放音乐，学生们会安静下来，走进教室。他们会看到我把桌子摆成了 7 个小组，每个组的桌子上放着学生的姓名牌，以便他们知道坐在哪儿。各组的桌子中间放着卡片，上面写着各组必须在 7 分钟内完成的任务。我会关掉音乐，让他们开始。7 分钟后，我再次播放音乐，给学生 7 秒钟时间移到左边的桌子那儿。在接下来的一小时里，各组将在教室内有序地走动，直到完成每项任务。

第一次组织这项活动对我是一次学习体验。有些小组换桌时花费了很长时间，有些学生的合作能力很差，还有一些人总是指望我给他们出主意，而我不愿意这样做。我想让他们一起学习，更重要的是，我想让他们参与到涉及多种学习方式的活动中去。

在一个活动区中，我会给每个学生一副耳机，让他们听磁带录音。前一天晚上，我将一个故事分部分朗读，录到每盒磁带中；不同的学生将听到故事的不同部分。每个学生都必须仔细听录音，因为只有他能听到这部分内容。在桌子中间有一张写有 25 个问题的纸，需要大家一起回答。

另一个活动区里有一些卷尺和 8 个大小不一的盒子，这些盒子是我从学校各处找来的。我在每个盒子上标上一个数字，从 1 到 8，让学生在一张纸上列出每个盒子的面积。

我向一个同事借了一套百科全书，把它们放在一个活动区里。我在一张纸上列出了 30 位著名科学家的名字，学生们必须通过百科全书查阅这些科学家做出的成就。

在另一个活动区里，学生们必须称 20 种物品并记下它们的重量。在下一个活动区，学生们必须用七巧板解决一个谜题……每次组织“音乐马拉松”的活动时，我都会根据学生们所学的内容设计不同的活动。不管是什么样的活动，学生们都要参与动手实践，要一起学习，并实际运用在课堂上学到的知识，这有助于他们消化正在学到的知识。

每当我想到那些让孩子们成天坐在自己的座位上、听老师满堂灌的课堂，我的心就隐隐作痛。在教孩子的时候，我们必须千方百计地通过孩子们喜欢的方式进行教学。更重要的是，我们必须确保运用均衡的教学方法达成教育目标，以适应孩子们表现出来的各种学习水平和学习方式。

你可以让孩子们既喜欢亲近你又尊重你的权威吗？

↓

纪律和关爱是平衡关系的润滑剂！

很多教师跟我谈起过把《优秀是教出来的》一书中提到的 55 项原则运用到课堂中去的情况。大多数教师根据自己的情况把这 55 项原则进行了归类，例如，归为 20 类或 40 类，但也有些教师使用了所有这 55 项原则。当我说到“55 项原则”时，我指的是所有的 55 条规则。

跟我交谈过的大多数教师和家长认为，这些规则的确有用，但也有人说他们无法让孩子们接受那么多规则。事实上，你可以制定 1000 条规则，但让这些规则发挥效用的前提是：你和学生有很好的关系。教师必须建立平衡。一方面，你必须坚定立场、说到做到；但同时你也不能对学生太过严厉，否则学生会反抗，跟你作对。你不能把所有时间都花在讨好学生上，因为即使他们喜欢你，最终他们也不会尊重你，很可能还会随便应付你。教师必须建立平衡，强调纪律，同时必须让孩子们感到你关心他们，并想办法让他们喜欢和你在一起，喜欢上你的课。这一点对家长也很重要。我见过一些对孩子非常严厉的家长，孩子们最后会感到压抑，通过厌学、抽烟、顶嘴或其他方式发泄不满。在家长和孩子的关系很密切的家庭里，这种情况很少发生。

另一方面，有些家长太过纵容孩子，因为他们不想把自己和孩子的关系弄得很紧张。他们会偶尔惩罚孩子，但很快又会在孩子的压力下收回惩罚。在这种环境中长大的小孩学会了不尊重权威。他们还会从家长的行为中得出这样的认识——话语没有真实意义，行为没有真正后果。在跟孩子的交往中，我们必须找到平衡。你必须制定规则并保持前后一致。你必须说到做到并长期坚持。如果你知道自己不会真的要求孩子们一周不看电视，就不要对孩子们说一周不许看电视。给出一个实际的惩罚并坚守这个惩罚，要比给出一个听上去有效但并没有实际效用的惩罚有力得多。家长还必须确保跟孩子们建立起密切的关系。如果孩子们喜欢和家长在一起，他们就可能尊重家长并遵守他们的意愿。小时候就学会不尊重权威的孩子长大后会顶嘴、叛逆、不尊重他人。

我的父母总是能很好地给出切实的惩罚，他们说到做到。同时，我的父母从不对我大喊大叫，或对我进行消极的评价。他们总是给予我支持和关爱，但他们最优秀的品质是幽默。在我成长的过程中，他们活泼的面部表情、敏捷的思维、经典的俏皮话和对世界的幽默感，总是令我哈哈大笑。每个认识我父母的人都常常被他们逗笑。他们的幽默、善良、对我的支持和关爱，是我尊重他们的原因。我不想让他们失望，当他们提出要求时，我和姐姐塔西都会听他们的话。这种平衡是每个家庭都需要的。家长应该是风趣、友好、充满爱心的，孩子们喜欢与这样的人在一起。同时他们必须言行一致、说到做到。

如何做好工作与生活的平衡？

↓

别因为工作而放弃自己的生活！

在成长过程中，我总是有无穷的精力。我总是跑来跑去，从这个房间跑到那个房间、从这个人身边跑到那个人身边，看看有什么事情发生、能不能凑热闹。我的外祖母玛德是一个心直口快的人，一次她说："罗恩，我想你是担心有人放屁，而你闻不到。"

在我开始当老师后，我把自己所有的精力都倾注到了工作上。我会备课备到凌晨 2 点，我会是早上第一个到学校的人。我勇往直前，我要改变世界，没有人能够阻挡我。大概 6 个月后，事情发生了变化。我快累死了，我的精力耗尽，我被学生的要求搞得筋疲力尽。我的桌上堆满了作业，我只想逃走。我去看望一个朋友，她对我说："罗恩，你快崩溃了。"接着她对我说了一番很有哲理的话："罗恩，在教孩子们关于生活的知识前，你自己要有时间体会生活。"

她是对的。我从早到晚待在学校，压力太大了。我在学校失去了自己。当我照镜子的时候，我看到的不是罗恩，而是克拉克先生。

从那一刻起，我继续全力以赴地做好教学工作，每天都很忙，但同时我给自己找时间同朋友、家人待在一起。有时你只需顺其自然就行了。我还记得在北卡罗来纳教书时，我有成堆的作业要批改，但朋友乔伊想和我打网球，那我就会选择网球。第二天我会把作业发下去，和学生一起在课上看这些作业。我很快发现没有必要批改学生完成的每项作业，我意识到通过和朋友打网球，我能获得更好的工作状态，睡得更好，早上起来精力也更充沛。打网球的第二天，我在学校精神焕发，连走路都充满了活力。

当老师的第一年我主持了一个叫“鬼作家俱乐部”的课外小组。我们会观看“鬼作家”电视节目，在笔记本上列出关键要素，并尝试自己解决谜题。学生们非常喜欢这个活动，我从未想过取消任何一次活动。一次午餐时我同琼斯女士聊天，说到我感到很累，并希望哪一天没有这个课外小组活动。琼斯女士说：“克拉克先生，那就取消活动，没有问题。学生们可以利用午餐时间给家长打电话通知，你不必担心。”她告诉我，作为教师，有时我们必须允许自己休息一下。这是可以的，我们不必为此感到内疚。她是对的。那天放学铃响后，我直接回家睡了一觉。那天晚上，我只看了看电视。第二天早上，我以崭新的气象出现在了学校里。

充电是必要的，它能使我们成为更好的教师和自己。这不仅仅是对教师，对任何一个人都十分重要。比起世界上其他国家的人，美国人的休息时间和假期都更少。我们为成功而奋斗，关注结果，但常常为了满足工作需要，牺牲了自己的生理和心理健康。

有时我们似乎更关注结果，而不是人。我记得自己还是个小孩时，看到祖父母和我的叔叔婶婶之间的关系十分亲密，联系非常紧密。那时，人们付出时间坐在一起交谈，在阳台上休息，分享自己的生活，并互相学习。如今，大多数人都是通过电子邮件等迅捷方式进行交往的，我们跟自己的朋友、家人在一起度过的时间少之又少。这是一件令人遗憾的事。如果我们真的要在生活中找到平衡、感受到最大的幸福，那我们就必须设法为家人和朋友留出时间相聚。与朋友和家人的亲密往来，有利于我们的头脑、身体和灵魂，这会充实我们的生活，使我们的工作更加出色、生活更加幸福。

当我们面临选择时，有时我们必须牺牲工作，但不必感到内疚。我们必须在工作和工作以外的生活之间找到平衡；否则，我们很快会感到疲惫，而失去工作的精力或欲望，无法为社会做出更长久的贡献。

体验与反思

- 作为一名教师，在工作与生活中，你是怎样处理与学生的关系的？
- 作为一名家长，你怎样平衡工作与陪伴孩子？
- 你了解自己的孩子或学生的学习方式吗？你觉得他们可以胜任自己的学习吗？
- 读完本章对平衡的介绍，你有哪些收获与感受？是否引起了你的共鸣？

6 同情

教师身上最宝贵、最值得赞美的品质就是理解学生。一个人成年后回想过去，会欣赏那些优秀的教师，更会对那些触动过他们心灵的教师心怀感激。课程必须由一个个知识点构成；但对于成长中的植物和孩子的心灵来说，温暖才是最重要的。

——卡尔·荣格

我们的社会好像越来越缺少同情，很多孩子在成长的过程中缺乏对他人的体谅。对我们所有人——家长、教师及其他社会成员来说，同情、体谅、慷慨地对待他人，尤其是孩子们，是很重要的。当我们友好地对待一个孩子时，我们所做的不仅仅是传达一种好意，我们更是在给那个孩子构建如何对待他人的观念。作为教师、家长、执法部门成员、幼儿看护中心及其他社会服务机构的成员，如果我们以轻视孩子的方式对待他们，让他们失望，或带给他们负面影响，那我们就是在这些孩子心中灌输了待人的错误印象。

我见过很多全国各地的学生，我最常问他们的问题之一是："你为什么喜欢你的老师？"超过一半的学生回答说："因为他对我很好。"我们绝不能低估善良和理解的力量。大多数孩子都非常敏感，如果想让他们信任和尊重我们，那么我们就必须注意不要用消极的方式对待他们。

你是那个被老师忽略了的学生吗？

↓

优秀的教师和家长会教会孩子换位思考！

"雷蒙……雷雷蒙……雷雷雷雷蒙……"直到今天，这些词仍回响在我耳边让我经常做噩梦。

在我上高一时，我们家从乔科威尼蒂搬到了贝尔黑文，县城另一边的一个小镇。在我看来，这个镇就像在世界的另一边，因为我必须离开家乡，还有所有的朋友。最糟糕的是，我必须去一所新学校上学。新学校旁边是一个螃蟹养殖所，星期二和星期三整所学校都充满了螃蟹味。比那味道更糟糕的是，在那里我没有一个熟人，我怕得要死。

我被安排在高中西班牙语二班。那时候的我矮小、瘦弱、苍白并容易紧张，学校高中橄榄球队的运动员就坐在我的周围。我的西班牙名字是“雷蒙”，整节课上那些男孩们都在低语“雷蒙”“雷雷蒙”“雷雷雷蒙”，一遍又一遍，一天又一天。他们叫我的名字，然后笑得喘不过气来。我的脸越红，他们的笑声就越响亮。我还记得自己把求助的目光投向老师瓦哈姆，祈求他管一下这件事，因为我是如此害怕，以至于都不敢开口求助。我担心如果我把这件事告诉别人，我会忍受比每天五节课更可怕、更痛苦的事情。我不知道如果让这些学校之“王”丢了面子，那后果会是什么。事情严重到我甚至不想吃午饭，因为我对午饭后的那节课实在是太害怕了。

现在回想起来，觉得自己很傻。我应该在课上转过身去说：“干吗？我能帮助你吗？”但那时我开始失眠，我那门课的成绩糟糕极了——其他课都是A，但那门课是C或者D。我那时应该告诉瓦哈姆先生。但据我回忆，他是知道的，他每天都可以听到，但他只是看看那些男孩，皱皱眉，就去做他自己的事了。作为教师，我们必须了解班里的氛围，知道孩子们之间的交往方式。我们必须让孩子们在班里感到安全、舒适，他们才能够集中精力学习。

我常常想起自己那一年在那个班上的感受。遗憾的是，全美国还有很多孩子在经受同样的折磨。事实上，我是一个颇令人喜欢的学生。我经常扮演班上的小丑角色，而且我从来不缺朋友。即使这样，我还是受到捉弄，过着可怜的生活，我不敢想象，那些在学校挣扎、又没有朋友在身边的学生们如何才能取得成功。怪不得我们有这么多学生辍学，并声称自己憎恨学校生活。

每年我都会找个时间，向学生说起我被其他学生捉弄的情况，以及我那时的感受。我希望能通过表达我经历的情感和痛苦，帮助学生们意识到当他们捉弄某位同学、叫他的绰号或用其他方式让他尴尬时，那位同学的感受。就我而言，说出那些令我难堪的往事是很不舒服的，但我发现这样做有用。我们班先前喜欢捉弄他人的学生开始更加友善地对待同学了。更重要的是，我看到有些学生将自己的经历同我的故事联系起来，欣慰地知道有人经受过跟他们同样的痛苦。

优秀的教师和家长会帮助孩子们从他人的角度考虑问题，换位思考。孩子们一旦明白和理解了他人的情感感受，就会更尊重那些跟他们不同的人。

家长和教师在面对孩子的冲突时应该怎么做？

↓

重视孩子们的情感！

在东哈莱姆区我教的班有37个学生。即便他们都是天使，教他们也还是一件很困难的事；更何况，班里还有几个学生表现出各种各样的纪律问题。有时我被气得暴跳如雷，但是，令人惊讶的是，大多数问题不是发生在我和学生之间，而是发生在学生与学生之间。我常常要做一个调解争执的人，而很多争执涉及班上全体学生。有时，当班上产生不和时，孩子们就会分成好几派发动战争、互相对骂和恐吓，那简直像做噩梦。如果说这种事情只发生在孩子们身上，那是不公平的；因为我确信如果把37个成人放在一个班里长达180天，他们之间也会出现争执和纠纷。当这些问题产生时，你要拿出时间教会孩子们如何友好、妥善地解决问题。当孩子们聚在一起讨论问题、每个人都陈述自己的观点时，通常就能找到解决办法。大约90%的争执可通过以下步骤解决。

1. 找出问题的起源。（通常是有两个学生，他们先前是朋友，但现在关系恶化了。）

2. 让这两个学生坐下来，讨论问题。

主要问题：

希拉做的什么事情令你很生气？

跟希拉和我说说你认为发生了什么事。

发生的事情令你感觉怎么样？

希拉怎样做能使你感觉好一些？

（我会问希拉同样的问题。）

3．向班里其他同学说明这两个女孩已经解决了她们间的问题。如果合适的话，我会让她们吃午餐时坐在一起，或把她们放在同一个研究组里。我会努力让班里其他同学看到所有的敌意都消失了，这样他们就会脱离各自的阵营，让一切恢复正常。

4．告诉学生们不要再讨论这件事情。我对他们说，如果我听到任何一个学生再次提到这件事，我就会把他们当成制造争端的中心进行惩罚。

5．在事情还未完全失控前跟学生们探讨如何解决问题。无论发生什么情况，我们都应该教给孩子们一些能够自用的方法，以培养他们解决问题的能力。

维持教室秩序、帮助孩子们学会相处并互相体谅是很难的一件事，而处理学生间的纷争更是需要技巧的。作为教师和家长，我们的部分工作是发现教室里出现的纷争或问题。很多孩子保持沉默是因为担心被羞辱或使事态恶化。他们会将发生的一切装在心里，除非我们留心，否则我们绝不会意识到所发生的事情。作为家长和教师，下面几点可使我们学会发现，孩子在学校是不是受到了同学的欺负。

家长

留心孩子的交友状况。如果你的孩子不再提到某一个朋友，或者当你问起他的某一个朋友时他显得很戒备的话，那就可能意味着发生了一些事情。你最了解自己孩子的沟通方式。留心观察他提起朋友时态度的变化。

留心孩子的成绩变化。如果你的孩子成绩突然下降。那就可能意味着他在学校正经受着压力。而且，如果你的孩子换了班，某一门课的成绩突然下降，那很可能是因为班里有学生在给他制造麻烦。

确保你的孩子不被孤立：如果你的孩子没有一群固定朋友的话，或者你的孩子没有参加任何课外小组的话，这可能意味着他在学校会被孤立并被捉弄。如果我的孩子出现了这种情况，我会试着先找出他被孤立的原因。有时，当孩子的性格、爱好或兴趣不同于班上其他同学时，他们会很难融入班集体中。他们也会因为这些差异而被孤立。在这种情况下，我会让自己的孩子参加某个课外小组或协会，找到与他兴趣相同的孩子。如果他真的同某个同学建立了友谊，我会想方设法让他们在一起——一起去看电影或参加家庭旅游。我的外甥奥斯汀今年 8 岁了，当他和其他同龄的孩子一起玩时，大多数情况下他们会玩摔跤、打电子游戏。但最近他开始和表兄迪兰一起玩，而且他们会在一起花 4 小时玩一个科学百宝箱。我对他妈妈说："我们应该让这两个孩子经常一起玩。"

家长应该帮助孩子们与能对他们产生积极影响的孩子建立密切关系，这很重要。同样重要的是，教师也要尝试帮助那些看上去被孤立的孩子。在纽约市我有一个极其聪明的学生，但她非常安静，没有多少朋友。我把她和另一个女孩喊出教室，让她们参加一个大型的科学小组，要求她们在放学后一起研究。很快，她们每个星期天都在一起，共同研究项目。她们开始一起吃午饭，并成为很好的朋友。有时我们只需要稍加留心，就能在适当的时候帮孩子一把。

当然，并不是每个孩子都喜欢交很多朋友；但我认为，在一个孩子的成长过程中，如果没有同伴、没有可以倾诉秘密的人，那对他来说将是一件很遗憾的事。

教师

不要忽视学校里的任何不和的迹象。我们要允许孩子们独立处理事务，但跟孩子们一起解决纷争和分歧也很重要。当这些都不起作用时，就该教师完全接管了。我曾经有过相似的经历，我感受过被捉弄和欺负的痛苦，这对于一个孩子来说是可怕的噩梦。作为教师，你不应该让这样的事情在你面前发生。

不要把事情搞得更糟。作为一名男性教师，我总是需要进入男生的洗手间去平息争斗，以及阻止他们用卫生纸玩的篮球游戏。一次，我发现有两个男孩——杰姆斯和杰刚达，在洗手间打架。杰刚达在四年级显得异乎寻常得高，而且他的脖子很长。他告诉我杰姆斯说他看上去像个恐龙，所以他们俩打了起来。我当时正要带班上的孩子去食堂吃饭。于是，我把这两个孩子带到他们班的教室，并把刚才发生的事告诉了他们的老师。当着全班的面，这位老师说："喔，我绝对相信他们俩打架。杰姆斯和其他孩子总是叫杰刚达'恐龙'，因为他又高又黑。"接着，她转向学生，说她要取消全班三天的课间休息，因为她厌烦了杰刚达被捉弄这件事。我就站在杰刚达身边，我知道他一定是想找个地缝躲进去。我看到当全班学生开始吵嚷抱怨时他脸上的恼火表情，因为他知道同学们都在责怪他。

作为教师和家长，我们必须记住，孩子们的情感和我们的不一样，在我们看来微不足道或应该忽视的事情，对他们可能就是难题。当遇到孩子被欺负、被捉弄的情况时，我们必须尽力避免制造更多的伤害，避免使事情更糟。当我知道某个孩子受人欺负时，我所做的第一件事情就是放学后或吃午饭时和他坐在一起，确切了解所发生的事情，以及谁在捉弄他。我的一个学生萨拉曾经遇到过这样的情况。当我坐在她身边、问她谁在捉弄她时，她说："每个人。"发生这样的事情时，教师必须与全班学生谈一次，但这样做时，这个孩子应该不在场。而杰刚达的老师却在不经意间又使他感到了羞辱。

为了帮助萨拉，我让她和其他三个我知道不会捉弄她的女孩去另一个房间帮助教师，而我则去上课。中间，我停下对学生说："你们知道，有件事让我想起了我一直想和你们说的一些话。"于是我提到如何对待班上其他同学这个话题，以及被人取笑的感觉。我并没有提到萨拉的名字，但我鼓励大家要友好地对待同学，不要叫人的绰号，或以任何方式取笑他人。接着，我要求他们主动友好地对待他们曾经取笑过的人。最后，我提醒他们，不喜欢班上所有同学是可以的，因为在我们的一生中我们不会喜欢自己遇到的每个人，但我们应该尊重并友善地对待他人。同时我严厉地告诉他们，那些取笑他人的人必须为他们的行为负责。通过这样的谈话，你可以得到两个星期的安宁。

同时，我设法帮助萨拉交朋友。她常被人说“笨”，因为她成绩很差。于是我一连几天让她早点来学校，写作文。我们一起改她的作文，然后让她回家继续修改。很快这篇作文就写得很完美了。然后我给全班布置同样的作文。当我发回作业时，我对学生说有一篇作文写得非常精彩——我总是对进步很快或写得很好的作业进行展示。我朗读了她作文中的一段，所有学生都鼓掌表示赞赏。接下来我说：“这篇得了满分的作文，作者是……萨拉·麦克唐纳。”学生们发出惊叹声，马上开始热烈鼓掌。这样，我计划的第一步成功了。

那天下午我给了萨拉三道关于数学和科学的题，以及解这三道题的方法。我告诉萨拉，如果不会做的话，可以在第二天早上早点到学校来找我。她照我说的做了，我们俩一起做题，直到她做出了这些题。第二天，数学课快下课时，我对学生说：“今天我想让你们高兴一下。我在黑板上写三道题，大家先自己做 5 分钟，找出答案。然后我会叫你们其中的一个到黑板前面来做这三道题。如果这位同学能全部做对，那么我今天就不留课外作业。”我提醒他们每个人都要用心做，因为不知道会抽到谁。我把所有学生的名字卡片放在一个盒子里，伸手进去拿出了一张卡片，说道：“那个可能让大家没有作业的人是萨拉·麦克唐纳。”我在班上规定过不许因任何事情吵嚷抱怨，所以班里没有一点声音，但我可以看出这些孩子在心里暗暗抱怨。萨拉走到黑板前，很轻松地做出了这三道题。当她做完后，我宣布：“萨拉让全班今晚没有课外作业。”大家都欢呼起来，在萨拉走回座位时与她击掌相庆。几天前这个孩子还和我坐在一起，哭着说大家都讨厌她、取笑她。但现在，她成了班里的英雄。这样的事情很多，这证明了教师对班级氛围的影响力是巨大的。

不要害怕表现同情。我是一个十分严厉的教师，对学生的品行和学习都有很高的要求，但我想让他们知道，我对他们要求高是因为我关心他们，想让他们受到最好的教育，并能够在将来自主地选择人生之路。我也为学生服务，例如，烤小点心、给他们当拉拉队、家访、参加他们的活动、在他们需要时提供及时的帮助等。大多数情况下，要在课外做那么多的工作是不现实的。但是，我们可以通过与孩子的交往表现出我们对他们的关爱。让学生知道你关心他们可以打开他们的心扉，并让他们朝着你希望的方向发展。在教室里创造同情的最佳方式是：用你自己的行为作示范。你可以从进入教室的第一天起就为创造同情氛围奠定基础。开学第一天，我总是对学生们说：“今年我们将成为一个大家庭。我们要一起学习、互相支持、互相尊重。我所不能容忍的一件事情是有人欺负或取笑班里的其他同学。我非常看重这一点，希望班上一定不要发生这样的事情。”

教师最好从一开始就强调班级管理和纪律问题，为接下来的一学年奠定基础。你还可以在开学第一天就谈谈你对捉弄他人行为的看法，以及对这种行为的处理方法。

有些孩子为什么喜欢欺负别人？

↓

欺负不是他的目的，要关注孩子的内心情感需求！

处理学生间的纠纷事件是一个方面，而通过行动来确保这种事情不会再次发生则是教育的另一个方面。通常，如果一个学生开始欺负他人，那么这种行为就会持续很多年。因此，我们应该尽我们所能地在开始时就制止他，并预防此类事件的再次发生。我们所能做的一件重要的事情是告诉家长所发生的事，因为在大多数情况下孩子欺负他人的原因可以追溯到家庭。孩子会欺负他人的部分原因如下。

1. 他们没有得到家长的足够重视。

2. 他们在家里看到过成人通过暴力或争斗的方式解决问题，因此学会了通过羞辱他人和暴力行为来树立权威或表达想法。

3. 他们缺乏安全感，试图通过指出别人的弱点来使自己更加自信。

4. 他们在努力适应环境。通过取笑他人让同学们发笑，他们会觉得自己被这个集体接受了。

5. 他们想交朋友，想通过羞辱他人达到这个目的。他们认为其他人会因为担心受到羞辱而友好地对待自己。

6. 他们在其他学生身上发泄自己的愤怒。通常，那些父母正在闹离婚或必须处理家庭事务的孩子会把自己的愤怒、恐惧等真实感情掩藏起来。但在学校，他们会不自觉地把自己的愤怒发泄到其他学生身上。

如果你感到因家庭事务引起的问题太难处理的话，你可以建议那个孩子跟学校的辅导员谈谈，找出他行为的真正原因。如果我是校长的话，我会恳求学校的辅导员重视同学间的纷争，并找出他们行为的真正原因。一个学生常常是很多问题的“润滑剂”，通过处理这些问题，你可以避免其他很多问题。

你了解你身边的长辈吗？

↓

了解能激发孩子的同情心！

我很幸运，因为我的童年有外祖母陪伴。我跟她的感情非常深厚，在成长过程中我学会了尊重长者的权威，以及欣赏他们多年来积累的智慧。当我的外祖母老到需要别人搀扶着走路及料理生活时，那真是一件令人心碎的事。看着年龄夺走青年的天赋是一种很令人伤心的体验，但因为我在成长经历中看到了这样的事，所以我对长者的尊敬也与日俱增。作为成年人，我们会尊敬那些使我们想起自己的亲人的长者。每次我在商店里、公共汽车上或其他地方看到年长的妇女时，我就觉得好像看到了我的外祖母。出于对她的纪念和尊重，我会很友善、很耐心地对待那些老妇人。我父亲曾经喜欢开快车，时常超速。现在，不再年轻的他开车慢了很多，而且小心多了。当我开车跟在一辆特别慢的车的后面时，我不会生气或烦恼。我假设那辆车的司机同我父亲的年龄差不多，他们的反应力大不如从前了，因此会缓慢驾驶。

在当今社会，孩子们对他人的尊重似乎越来越少了，尤其是对老人。我想，造成这种情况的主要原因是他们不像以前那样和成年人有紧密的联系了。他们和别人的联系越少，就越有可能表现出粗鲁或唯我独尊的态度。以前人们会教育孩子们尊敬祖父母及其他长者，现在这一点好像被忽视了。社会节奏加快，年轻人受到重视，老年人却被视为负担。

教师可以做很多事情帮助孩子意识到这一点。重要的是，要向孩子们指出，如果我们今天轻视老年人，那么我们明天也会受到别人的轻视。我的建议是邀请老年人进入课堂，跟孩子们谈谈他们的体验及不同技能。我曾邀请在战争中服役过的军人、积极参加民权运动的人及那些遍游世界的人来我们教室。他们总是能够给学生们提供大量的精彩信息，但同时也向学生们展现出，变老并不意味着无趣，我们绝不能通过一个人的外貌来衡量他的内心世界。

除此之外，教师还可以让学生们去采访他们的邻居或祖父母。在我上高中时，老师给我布置的一项作业是采访一个经历过大萧条的人。我选择了采访我的外祖母玛德，当我问她一个又一个问题时，她的回答使我震惊。我从来没有和外祖母谈论过她的成长经历，也从来不知道她所经历过的斗争和牺牲。对我来说那是一次令我大开眼界的经历，它使我和外祖母的关系又近了一步。

怎么教孩子去认识一个人?

↓

人不可貌相，海水不可斗量!

我总是试图教会学生一个道理，那就是不要只看人的外表。我告诉学生要看人的内心，凭内心判断此人的好坏。我不断重复 句话：“不喜欢某人是可以的，我们是人，这是很自然的人性。但是在真正了解一个人之前，不要对他有任何不好的看法或判断。了解这个人以后，如果你还不喜欢他，也是可以理解的，但是不要对这个人做出带有偏见的判断。”我又补充说，即使我们不喜欢某一个人，也还是要尊重这个人。说这些话并让孩子们理解这些话的意思是非常重要的，但这并不能保证孩子们不会对他人做出不正确的判断。我们必须尽自己最大的努力，用理解、支持和关爱对待今天的学生。只有这样，我们才能在社会中构建起尊重每个人的氛围。

如何激发孩子们在学校的潜能?

↓

培养班级文化，让孩子们有认同感!

很多学生在学校无法表现出自己的潜能，因为他们不喜欢自己的班级，觉得在那里无法安心学习。但是，只要班级里构建了良好的氛围，这些学生就能够全面发展，并实现在不良的班级氛围中所不能实现的目标。在纽约教书时，我的一个叫鲁宾娜的学生常常因为国籍受到同学的戏弄。她变得极其抑郁，从不在课上发言。在教这个班时，我不断鼓励学生们互相支持、互相鼓劲、对同学表现出理解和同情，几个月后，这个班开始出现变化。这种变化不是在一夜之间发生的，它是由很多次长时间谈话和鼓励促成的，但如果你告诉学生你对他们的期盼，并且也遵守这些期盼，最终你就可以创造出学生们友好相处、互相尊重、不再戏弄他人的班级文化。

每年我都会在班上制定下列规则。

1. 如果有同学做得很好，我们就要为他鼓掌，为他喝彩。
2. 不能嘲笑同学的外表。
3. 如果有同学独自吃午饭，邀请他加入你们的交谈。
4. 绝不能嘲笑他人的不幸，否则终有一天你也会受到这样的对待。
5. 互相说“早上好”和“明天见”。
6. 不要叫同学的绰号，彼此之间要称呼名字。

我制定了包括上述各条在内的一些规则，到 11 月，班里的氛围开始发生变化，那个叫鲁宾娜的学生开始在课上发言。而且当她发言时，同学们会为她喝彩和鼓掌，就像他们为其他在课堂上发表见解的同学所做的一样。她开始变得自信，开始微笑、大笑、展现自己。2 月时，班里进行选举，鲁宾娜竞选主席。她组织了一个委员会，做了非常漂亮的宣传画，给同学分发印有她照片的纽扣，并在全班同学面前发表了精彩演讲。但是她的竞争对手是德里克——班上最受欢迎的学生。即使他只张贴了一张宣传画，并在演讲中笑场好几次，我仍然强烈地预感他会赢。那天下午我统计了选票，然后，怀着意外之情宣布鲁宾娜成为我们班的新主席。德里克笑得很开心，诚实地向我承认他也投了鲁宾娜一票，我相信他的话。鲁宾娜应该得到这个职位，每个人，包括德里克，都知道这一点。

那一年年末的班级颁奖典礼上，鲁宾娜被定为致告别词的学生。她在那一年的州年级数学测试中取得了很好的成绩。当我给她颁奖时，她父亲激动得流下了眼泪。她的整个家庭都为她感到骄傲。

这就是当教师创造出一个让学生感到轻松、安全、能得到同学的支持和鼓励的班级文化时，学生会出现的变化。我要再一次强调，这种变化不是一夜之间发生的，是要通过足够的鼓励、与学生进行长时间的谈话及明确地制定规则才能实现的。良好的氛围能增强班级的凝聚力，使所有学生得到更长远的发展。

通常，学生们会知道教师想要帮助他们，想让他们好好学习，但他们觉得班上其他同学并不关心自己的表现。从根本来说，学生只是在努力取悦他的老师、家长及他自己。然而，如果教师能够在班上创造理解、同情的氛围，让学生们彼此关心、互相关注，使每个孩子知道还有大约 25 个人关心他的成功，那学生就会付出更多的努力。我在班上非常重视这一点，我告诉学生们，如果想让我们班成为最好的班级，那我们每个人就都要为之努力。不但我们每一个人要做到最好，而且必须确保我们能带动整个班级进步。我说："我们这里的每个人都有强项、也都有弱点。我们都能够发挥自己的才能、都能够互相帮助。让我们大家一起努力，互相鼓励、互相支持，实现我们的目标！"这种变化不会在一夜之间出现，但随着时间的流逝，你会看到学生身上所发生的巨大变化。他们会积极努力，让整个班级像一个团队，大家彼此关心并希望看到彼此的成功。

你有 100 件衣服吗?

同情是理解之源!

我常和学生一起读两本书，现在我想把这两本书推荐给所有的教师和家长。这两本书有着相似的书名，而且就我看来，也传达着同样的信息。它们适合 7 ~ 13 岁的孩子阅读，但作为成人的我也非常喜欢这两本书。第一本书是埃莉诺·埃斯蒂斯写的《100 件衣服》，这是一个穷女孩的故事。这个女孩转到一所新学校，对其他学生说尽管她穿得很破，但她的衣橱里有 100 件漂亮衣服。同学们知道她在说谎，于是就取笑她，常常捉弄她。最后，女孩走了，同学们发现她的确有 100 件漂亮衣服——但只是女孩根据想象画的 100 张衣服图片。我喜欢与孩子们讨论这本书，因为它涉及很多方面：接受与众不同的孩子、有些孩子可能撒谎的原因、新转校孩子的情感，以及不要急于评判他人等。它涉及几个不同的主题，可以帮助孩子们思考如何看待他人的问题。

另一本关于理解和同情的书是莎朗·贝尔·马西斯写的《装有 100 枚便士的盒子》。这本书讲述了一位老妇人的故事，这位老妇人在一个盒子里保存了 100 枚便士，每一枚便士代表她生命中的一年。从故事开始到结束，老妇人一直在向自己的孙子麦克讲述每一枚便士的意义，以及与这枚便士有关的故事。每一个有年迈祖母的人都会把这个故事与自己的生活联系起来，而它对那些没有老人在身边的孩子也非常有益。它使这些孩子知道，尽管某个人老了，但他曾经也拥有孩子般的青春和活力。这个故事也使孩子们知道，每一位老人都有丰富的经历，如痛苦、爱、智慧和回忆；每一位老人都应该得到珍惜和尊重。

你如何表达对孩子们的关爱？

在所有事情上，都要有耐心！

在与孩子们交往时，表现关爱的最佳方式之一是有耐心。当孩子们在努力学习新知识或者尝试某种对他们而言还不熟悉的事情时，本身就有一定的困难。如果再有急躁的大人在身边，那就更是难上加难了。要让孩子们感到轻松，大人最好尽最大努力抑制住自己的恼怒或厌烦情绪。

我在纽约市教书时，区里给了我们班一些笔记本电脑，每个人都非常兴奋。但问题是我们班上有 37 个学生，而我们只得到了 24 台电脑。大多数学生必须把桌子拼在一起，共用这些电脑。教室里本来空间就有限，这样一来就显得更加拥挤了。除此之外，教室里还有很多电线和插座，我不得不在教室中间支起液晶显示屏，以便通过投影向学生演示操作电脑的过程。

第一天用这些电脑时，我简直手忙脚乱。仅仅是装配电脑这件事就已经让我筋疲力尽了。有两台电脑不能用；很多学生不遵守指令，打开了错误的程序；塔玛拉的电脑用了不到 5 分钟就掉地上了……大家都有点紧张和无所适从。我们决定把电脑放回去，第二天再用。

我决定自己先研究这些电脑，弄明白一些重要的原则。第二天一开始，我们先讨论电脑的保养问题，例如，如何正确使用电脑、如何正确开机等。我在教室前面作了演示后，才允许学生去拿电脑。然后我给学生按组分配了电脑，避免出现混乱。我可不想再出现像前一天那样把电脑掉在地上的事情了。

当我们开始进入程序时，我始终保持这样的态度，即这将是一个很漫长的过程，需要不断复习和极大的耐心。即使是在班上有一半的学生打开错误的程序界面时，我也还是以一种平静和理解的方式跟他们交流，引导他们进入正确的界面。我对全班说，学会使用电脑这个任务对我们所有人来说在短时间内都是个挑战，为了不让大家灰心沮丧，每个人都要保持安静、集中精力、尽量遵循指令。

一段时间后，学生们开始跟了上来。而且，在我还不知道的时候，他们就已经可以很轻松地使用电脑了，他们也非常喜欢电脑。学生们一开始有些担心，但随着我放慢速度并一直鼓励他们，他们开始放松，并开始真正享受电脑带给他们的快乐。很多学生进步如此之快，以至于他们开始教我一些新东西了。不用我提供帮助，他们就会互相帮助。如果这件事一开始我表现出恼怒或厌烦的情绪，很多学生就不会那么放松，从而自信地学会使用笔记本电脑了。

不管你是一位家长还是一位教师，对孩子们采取平和的态度都是非常重要的。一对一地辅导孩子学习或做作业是一件压力很大的事情。这个过程可能会很漫长、令人疲惫并且恼怒。家长和教师在做这件事之前，要明白这将是一个耗时费力的过程，有时甚至会是一场战争。我们应该自始至终保持积极心态，而不是消极或悲观。我见过一些家长在辅导孩子做作业时失去耐心，从此以后，每天晚上坐下来写作业就成为一件会让孩子们头痛的事情。这很正常——如果知道我要受到斥责或家长会因为我而生气，我当然也会以一切代价避开这件事情。那些愉快、平静并擅长鼓励的家长会创造出一种让孩子们感觉轻松的氛围，让孩子们对自己的学业有信心。他们会喜欢家长的支持，并认为和家长一起做作业是一件愉快的事情。

教师也应该在教室里表现出同样的耐心。当问学生问题时，如果第一个学生没有立即回答出来，不要急于去问另一个学生。有些孩子知道答案，但他们需要时间来想如何回答。当我遇到这样的学生时，我就设想他是我的孩子或我的外甥、侄子。我当然不想让老师去问下一个学生而伤害他的自尊。我会希望老师耐心一点，给这个孩子一点时间和回答问题的机会。

教师还应该根据学生对知识的掌握程度来调整自己的课程计划。我见过一些坚持讲完整本书的老师，不管发生什么事，他们都会按自己的计划进行。对教学而言，有效的方式是监控学生的学习进度，并以适合于他们的速度授课。学生们的学习速度千差万别，如果你的学生无法记住你教给他们的知识，那么你教多少就不重要了，因为他们还是掌握不了这些概念。教得更快并不意味着学生会学得更多。必须要确保学生掌握你所教授的知识，然后你再教给他们新的知识。

体验与反思

- 你善于培养孩子或学生的同情心吗？
- 同情心应该适可而止吗？
- 你觉得在什么情况下，孩子们应该表现出同情心？
- 读完本章对同情的介绍，你有哪些收获与感受？是否引起了你的共鸣？

7 自信

无论你是否相信自己能做好一件事情，你都是正确的。

——亨利·福特

养育孩子过程中最重要的一条是教会他们自信。取得成功的人大多经历过风险。为了面对挑战，孩子们需要一种感觉自己能够取得成功的自信。因为害怕失败或缺乏自信，许多非常有潜能的人都退缩了，他们从来没有运用过自己的能力。

自信的资本是什么？

↓

经历使人自信！

经历使人自信，这是很明显的。孩子们经历的事越多，他们就越有能力使自己取得成功。正因为这一点，所以我会与学生到很多地方旅行，并且花很多时间使他们面对新的情境。今年夏天，我带了几个以前的五年级学生去亚特兰大，他们现在已经上高中了。在那儿，我们去当地最昂贵的一家餐厅就餐，那个餐厅叫“蓝点”。我与学生们一遍又一遍地复习餐桌礼仪，我向学生们强调，他们坐下来的第一件事是把餐巾放在膝盖上。然后，我们就去了那家餐厅。当我们坐下来的时候，侍者就站在餐桌旁边，许多玻璃杯和银餐具摆放在了我们面前。我能从学生的眼睛里看到他们有一些紧张。突然，我注意到我们面前没有餐巾——侍者会去给我们拿来餐巾并且放在我们的膝上。然而，当我要向学生解释的时候，已经太晚了。孩子们看起来很不自信，他们开始慢慢地把茶壶盖的保暖套挪向自己的膝盖。这逗坏我了，以至于我不得不把头埋下来偷偷地笑。后来，我向孩子们指出了这个错误，我们都捧腹大笑。这样的情境是没法教的，需要在真实生活中直接体验。那个晚上我和我的学生度过了一段美妙的时光，当我们离开餐厅的时候，一个女生告诉我，就餐的时候她感觉自己像个皇后。而且她不但感到自己很特殊，还多了一份经历，这份经历可以使她今后从容面对类似的情境。有人跟我说：“罗恩，为什么你要花心思让五年级的学生去体验吃大餐、进行采访并掌握其中的技巧呢？”我告诉他们，这样做是为了塑造孩子们的自信心。孩子们经历得越多，他们就会越自信，他们的自我感觉就会越好。我不想让我的学生到了 22 岁找工作面试时，明明有能力胜任一份工作却没有得到那个位置，而这仅仅是因为他们把握不好自己、不知道如何以得体的方式表现自己。我也不想看到我的学生在参加商务晚宴时，紧紧地盯着别人，看看该用哪个餐具。我希望他们掌握这些本领，拥有这些经验，从而树立自信心。

自信的根源是什么？

↓

自信来自有所准备！

每个学年我会至少说 100 遍：有所准备是通往成功的关键。对于我的学生，我认为没有比这更明智的忠告了。生活中，不论我们做什么事情，确保我们取得成功的最好方法就是要有所准备。从为一次考试而复习，到为一场篮球赛而练习，我们所有的目标都在掌控之中，只要我们愿意为实现目标而付出努力、时间、血汗甚至泪水。

当我上高中二年级的时候，我参加了一个竞选活动，竞选目标是美国未来商业领袖俱乐部办公人员的职位。我要在来自全州的 3000 多名学生面前发表一个演讲，我对此怕得要死。我的竞选助理卡拉·伯耶特不停地宽慰我，说我一定会表现良好，不必如此紧张。我试着采纳她的建议，鼓起勇气和信心准备我的演讲。轮到我发表演讲了，卡拉走向主席台去宣读我的名字。她走到主席台中央，头抬得高高的，金色长发在身后飘动着。她好像在完成一个神圣的使命。到了台前，她用那双有穿透力的蓝眼睛看了一下下面的听众，然后突然僵在了那里。我平生从未见过有任何人站得那样寂静无声。我就站在她身后 3 米远的地方，等着被介绍，但她完全僵在了那里。大约 15 秒后，我走上前去，轻轻地拉了一下她的胳膊，她突然回过神来，匆匆地走下了主席台。我向下看着每一位听众，然后开始我的演讲。我的演讲本来是这样设计的，先介绍自己有很多的经验，然后讲几个我过去负责过的办公室事务的案例。但真正演讲的时候，原先准备好的内容变成了下面的车轱辘话：“我有很多经验，它们给了我很多有助于进一步取得经验的经验，因为拥有经验有助于取得新的经验。”我的眼睛一直看着我的指导教师托勒女士，每次我讲到“经验”这个词的时候，我都会看见她在座位里又陷下去一点儿。

我没有赢得那次竞选，简直一点儿戏都没有。

卡拉和我都从那次经历中学到了很多。我懂得了准备的重要性，卡拉明白了她这辈子再也不想站在一群人面前。她再也不想体验那种突然而至的由于恐惧而造成的糟糕感觉了。遗憾的是，那一天很快又来了。那是我们的小城贝尔黑文举行的“独立小姐”选美比赛，所有漂亮的高二年级女生都参加。参加表演对于卡拉来说意味着很大的压力。她很抗拒这个，因为每个参赛者都要发表演讲，但最后她还是极不情愿地参加了。那天我就站在人群中，我不知道有谁会比我更为她捏一把汗。到她发表演讲的时候了，她走上台，却又僵住了。人群中开始议论纷纷，突然，她看到了我的眼睛，我竭尽全力地用目光鼓励她，但她还是逃离了主席台。观众中响起了一阵屏气之后的喘气声，但很快又被欢呼声代替了，因为卡拉又回到了主席台，手里拿着她的演讲稿——她站在麦克风前宣读了她的演讲稿。当她读完的时候，她看了看我。观众起立欢呼，卡拉笑了。她克服了最大的恐惧，由此而找回了自信心，在“独立小姐”选美比赛中获得了并列第二名的名次。

卡拉回到了主席台，是因为她再也不想体验那种失败的感觉了，那种你不能全面展示自己、只是让自己退缩的感觉。同样，我也不想再体验那种感觉了。我认识到，在生活中无论做什么事，如果你真的想成功，你就必须一遍又一遍地准备，直到你不会再犯任何错误。自从那次竞选会议之后，每当我发表演讲时，我都一定会先做好充分的准备。我想象自己看着观众的面孔，想象着主席台上的场景，体验着害怕的心情，发表自己的演讲。这样一来，当我最终确实要演讲的时候，我已经有了足够的自信，在公众面前讲话的恐惧也就消失得无影无踪了。

我的姨妈卡罗琳向来对在人们面前讲话怕得要死。当她不得不在来自全州的从事同一工作的人们面前发表演讲时，她跑来向我寻求建议。我告诉她："卡罗琳姨妈，你不要指望带着遗憾从主席台上走下来，然后期望你还能再讲一遍。想象着你已经演讲完了，而且讲得并不好。你也许会想如果能再讲一遍就好了。那好，想象着这是你的第二次机会，你走上台去，把你的实力全部发挥出来。"我还告诉卡罗琳姨妈，面对恐惧的关键是要有所准备。我鼓励她备好演讲稿，这样她就可以在看电视、熨衣服及慢跑的同时进行演讲练习了。她采纳了我的建议，她的演讲取得了巨大的成功。时至今日，卡罗琳姨妈在人群面前讲话时一点儿也不犯怵了，她能从容地面对这件事了。

当孩子们准备一次科学演示、一次考试、一项体育比赛、一次演出或试图面对他们生活中的任何一个挑战时，我们有必要教给他们：成功的关键是要有所准备。记住你的角色、你的演讲内容、你的材料、你的演讲技巧，这样你就会对自己树立起完全的信心。

如何不打击孩子们的自信心？

↓

不去打击孩子们的热情和梦想！

在纽约城，我和我的六年级学生决定演出一个音乐剧。孩子们有足够的精力和这方面的才能，而我想找到一个能展示他们才能和创造性的途径。我们的第一步是进行角色试演。几乎所有的姑娘都想扮演女主角，而所有的男孩都想演那个坏蛋。当我们开始试演的时候，班上一个名叫斯蒂芬妮的女孩问我，能不能试一下那个坏蛋角色。我告诉她，那个角色需要一个强悍的男生去扮演。日子一天天过去了，我却难以决定由哪个男孩扮演坏蛋。我把问题交由孩子们投票解决。每个男孩在全班同学面前演出一段剧中的情节，我指导孩子们根据他的才能和准备程度来投票，而不是根据扮演者本人的受欢迎程度。到了投票的时候，斯蒂芬妮举起了手，问她是否能试一下这个角色。我再次告诉她，那个坏蛋角色是男孩演的，但她说："克拉克先生，您经常说您会对我们一视同仁。但如果您连试演都不允许我参加的话，我就会认为您并没有做到公平地对待我们。"她说得有道理，于是我让她走上来面对全班同学。我递给她一个脚本，但她告诉我她不需要。斯蒂芬妮是一个身材矮小、长相漂亮的小姑娘，拥有一头波浪般的棕色鬈发和一张非常好看的面孔。可是当她转身面向全班同学的时候，她的眉毛竖起来了，她的面孔扭曲着，她张着嘴咆哮着，然后她开始用令人害怕的怒吼音调唱了起来。

她演得棒极了，因此我们有了扮坏蛋的演员。我们花了五个月的时间在放学后进行排练、制作道具、搭建舞台和准备场景。最后，学生们的表演非常精彩，哈莱姆周围学校的师生都来我们的学校观看表演。我们不得不演了 11 场。毫无疑问，取得成功的一个主要原因是斯蒂芬妮和她的绝妙表演。在教室试演的那天，她就表现得非常好；而在此后，每表演一场，随着信心的增强和逐渐进入角色，她都演得越来越棒。

每次我收到斯蒂芬妮的来信，她都会告诉我她最近在纽约城又进行了一个或另一个角色的试演。她的梦想是成为一个女演员，毫无疑问，她有实现梦想的才能、动力和信心。我不愿意去想，如果当初我思想顽固而没有允许她试演那个坏蛋角色的话，将会发生什么。她也许会失去对戏剧和表演艺术的激情。作为教师和家长，我们要做任何自己能做的事情，而不去打击孩子们的精力、热情和梦想。有时，我们必须对孩子抱着极大的信任感，给他们能增强信心的机会，帮助他们实现自己的梦想。

成功之路的起点在哪里？

↓

自信！

在纽约城，我的大部分六年级学生都要参加他们所申请的初中的面试，他们都对此怕得要死。于是我告诉他们，我们会练习接受面试，到我们练习好的时候，他们会面带笑容、充满自信地去进行面试。我给了学生们一份包括 30 个问题的清单，这些问题都是我觉得将会在面试中出现的。我告诉学生们，如果他们已经整理好思路，确定了自己的想法及问题的答案，那将十分有利于面试。我告诉他们要不断地在头脑中思考问题，想象着自己正在回答问题。午饭和休息期间，他们会结对练习。很快，学生们开始在陈述自己的答案时变得比较从容镇静了。面试中也有可能不会出现这 30 个问题，但那并不重要。重要的是，学生们变得自信了，他们盼望着面试的到来而不是畏惧它。他们已经想清楚了很多问题，如进入一个新学校会感觉怎样，为什么教育对他们是重要的，在学习方面他们最喜欢的是什么，以及其他许多有关教育方面的问题。他们不是两手空空地去接受面试，而是准备得非常充分，因为平时的思考和练习已经帮助他们积累了大量的信息。

一旦所有的学生都已经对这些问题烂熟于心，我就会在我的教室里放置一张桌子，开始进行角色扮演，好像学生们正在接受面试。每个学生会从教室外走进来，与“面试委员”握手，并做自我介绍。然后他们以礼貌的方式坐下来，并熟练地回答每个问题。最后，他们通常会向“委员”提出一个事先准备好的问题，然后对“委员”们为自己所花的时间表示感谢。他们会再次与“委员”们握手，祝他们愉快和好运，然后退出房间。每个参加面试的孩子最后都会被那所学校接受。当我们充满自信的时候，我们走路的步伐都会不一样。我们非常自豪，我们会在更高的水平上表现自己，从而取得成功。把自信播种在孩子们的心田和头脑中，将会使他们全力以赴，不断地取得成功。

如何增强孩子的自信心？

↓

关注并展示学生的成就与进步，
让他们有成功的体验！

我曾教过的最聪明的学生之一是一个名叫麦尔文的小男孩。他来自一个单亲家庭，他所有的生活就是在不同的学校、住宅和家庭之间辗转。当他第一次走进我们班时，他非常颓废，看起来要使他融入班集体几乎是不可能的。

社会课的一个公告板叫作“自豪金字塔”。它是由一张金色的绘画纸制作而成的，我会把学生的测验卷子钉在上面，最高分的钉在最上面。当我宣布测验成绩的时候，我会走到金字塔前，一边说名字和分数，一边把卷子钉在公告板上，然后所有的学生会发出欢呼。我总是从金字塔的最底端开始，吊起大家的胃口，看到底谁是测验的最高分得主。

在一次有关埃及历史的测验中我采用了这个方法，当念到了应该钉在最顶端的卷子的时候，我停顿了一下，然后说：“现在，一个完美的分数，100 分，金字塔的最高位置将是……”学生们简直都坐不住了，我低头看着卷子，眼睛睁得大大的。我深呼吸了一下，然后宣布：“麦尔文·亚当斯先生！”当时麦尔文脸上的表情真是无价之宝。本来我可以只用一种普通的方式把卷子发回去；但是，关注他所取得的成绩，对他来说具有非常重要的意义。

作为教师和家长，我们要想方设法去提升孩子的自信心，使他们感到自己与众不同。只要花点时间去赞扬他们的作业，表明他们是多么富有才华，我们就可以塑造孩子的自信和自尊。多年以来，美国的父母们总是把孩子的测验卷和绘画作品贴在冰箱上，这样可以使每个人都看到它们。我记得我妈妈总是把我的卷子贴在我家那个旧的绿色冰箱上面；而当我去我的姐姐家做客时，也会看见她把我外甥的作品贴得满厨房都是。展示作品不仅可以向孩子们表示我们爱他们、以他们为自豪，而且可以帮他们树立信心，鼓励他们完成更多的可供父母张贴的作品。

同样的理论也适用于学校。学生们需要看见他们的作品被张贴在大厅里、公告板上，以及教室的每个角落。只要空间允许，他们的成绩就需要被展示和被强调。

在斯诺登小学，我们有一个很好的阅读项目叫作“阅读复兴”。学生们先要阅读一些书，然后参加计算机上的测验。我会得到由计算机处理的测验结果，从而了解每个学生的阅读能力和他应该阅读的书籍的难度水平。我还会拿到一个输出结果，上面显示了每个学生积累的阅读分数。高水平的书通常篇幅也比较长，读这样的书的学生通常会得到更多的分值。因此，阅读一般图书的学生要想获得与阅读高水平图书的学生相同的分值，就得读更多的书。基本上，这是一个平衡了各种因素而相对公平的办法。然而，要让我的学生集中精力做这件事，却没那么容易。我想出了一个办法来激励学生读更多的书。课间休息时，我为每个孩子照了三张照片。我让他们自己选拍照的位置。有的孩子想要动态的照片，还有的一些孩子想在秋千上拍照，还有些孩子想要在转环滑车上拍照……我之所以让他们自己选位置，是因为我希望他们喜欢并愿意让别人看见这些照片；而我之所以要为每个孩子照三张照片，是因为我不想看见照片上孩子的眼睛是闭着的，或是表情尴尬的。

在我们的教室门上，我贴了一个标题——“五年级的最佳阅读者”，从门的顶部到底部我贴上了10张蓝色的绘画纸。每周，我一拿到计算机输出的测验结果，知道了谁是最佳阅读者，我就会把他们的照片贴到绘画纸上。

我非常隆重地推出了前10位最佳阅读者。当我在公告板上贴照片的时候，孩子们充满期望，简直快要沸腾了。走进教学楼的每个人都会看见那些照片，来校访问的每位家长会看见那些照片，校长也会看见那些照片。每个人都能看见那些照片，孩子们高兴极了。对于有些没有达到年级阅读水平的学生，考虑到他们确实很努力，阅读了很多书来追赶高级阅读者，我也会把他们的照片贴在门上。门上的照片确实显示了学生们在那一周付出的努力，他们对“最佳阅读者”的称号当之无愧。

对于那些没有达到年级水平的学生，这种做法极大地鼓励了他们。照片被贴在门上对他们来说是一种荣耀，这些照片激励着他们，使他们想阅读更多的书。

我参观过一所学校，那所学校的校长也有类似的做法。在靠近他的办公室的走廊里有一个标牌，上面写着“辛普森先生的明星”的字样，下面是大约30颗各种颜色和尺寸的星星。在每颗星星上，校长都写上了一段话来表明某个孩子的成就。一颗星星上有这样一段话：“祝贺你，詹姆斯·布拉森！我听说你在数学课上学习非常努力，我为你自豪。继续努力！”还有一些星星，上面贴着学生们的测验卷或其他作品范例。

我问过辛普森先生，他是如何知道该在每颗星星上写点什么的。他告诉我，他所写的一部分内容是他在学校里看到的，其余大部分则是由教师们提供的信息，他们会把表现好的学生的卷子或作品放在他的办公盒里。他说，大约每两周他就会把星星摘下来送给学生。学生们可以把自己的星星带回家给他们的父母看。

除了展示作品和测验成绩之外，还有很多其他的方法可以增强学生的自信心。依我看，最好的办法就是亲自告诉学生，你发现他的能力有多强。我记得当我上十年级的时候，我的打字老师奥尼尔女士在我走进教室时总是说："哦，这不是北卡罗来纳州最快的打字员吗？"我觉得自己甚至不是班里打字速度最快的，但听到奥尼尔女士这样说我确实感觉良好。她的话增强了我的自信，而且使我愿意更加努力。

如果一位教师给了学生一些积极的反馈，这当然很好：但还有其他更好的、更为有效的方法能够鼓励学生。例如，给家长打电话或送一张便条，告诉他们孩子的良好表现，这比仅仅表扬孩子可能更有意义。同样，让其他教师对学生做出一些积极的评价也会极为有效。我常常告诉我的合作教师或校长某些学生的进步情况，然后让他们在这些学生面前提起并予以表扬。例如，当他们看见一个学生站在大厅里时，他们就会说："嘿，爱丽丝，克拉克先生告诉我你在数学课上的表现非常棒，继续加油！"

当一个孩子知道你非常认可他的努力并与其他教师分享这种认可时，他就会感到自己与众不同，他的自信心也会得到极大的增强。

最后，我认为没有什么能比成功的体验更能提升孩子的自信水平了。我认识一位高中数学教师，她总是给班里大部分学生以挫败感，大部分学生的得分是 C 或 D，学生们总是抱怨他们多么不喜欢那位教师。我敢肯定她是想通过严格要求来赢得学生的尊敬，但是她做得并不好，因为她使表现非常好的中等学生也产生了挫败感，她的做法大大降低了学生的自信水平。

许多教师对学生实行高标准、严要求，但如果他们在增强学生自信的方面毫无作为的话，对学生们来说这就是不公平的。

体验与反思

- 你是一个自信的人吗?
- 你的孩子或学生自信吗?
- 你觉得最打击孩子自信心的做法是什么?
- 你善于培养孩子的自信吗?
- 读完本章对自信的介绍，你有哪些收获与感受?是否引起了你的共鸣?

8 幽默

不笑对生活，就是对生命的浪费。

——爱·埃·卡明斯[①]

① 爱·埃·卡明斯（E.E.Cummings，1894—1962），美国诗人。——编者注

欢笑是人类的天性。欢笑能够拉近人们之间的距离；欢笑有助于人们相互了解、相互理解。无论在何种情况下，有了欢笑，我们都会觉得舒服自在。在学习环境中，幽默所带来的快乐和欢笑能够激发学生付出最大努力。

你如何化解尴尬？

当然是幽默最合适了！

我很喜欢妈妈讲给我听的她上幼儿园时的一次经历。有一天午睡时，妈妈躺在伯萨·摩尔旁边。伯萨·摩尔尽管只有 5 岁，身高却有 1.2 米，体重近 45 公斤。妈妈说那天午睡时她非常清醒，注意到伯萨桌上有一块杏仁巧克力。她那时非常饿，非常想吃那块巧克力，头脑中不断想象着巧克力在嘴中的美味。最后，妈妈觉得自己比伯萨更需要巧克力，于是就吃掉了那块巧克力。

15 分钟后，伯萨大哭起来，老师知道是我妈妈吃了巧克力，于是妈妈有了大麻烦。老师让人去叫那时刚上二年级的卡罗琳姨妈来看一看她妹妹所做的事情。妈妈坚决否认是她吃了那块巧克力，卡罗琳姨妈看到妈妈满嘴的巧克力渣，脸涨得通红。

妈妈说她那天非常害怕回家。一回到家，卡罗琳姨妈就把所发生的事情告诉了我的外公外婆，说她为妹妹做的事情感到羞愧。听了她的话，我妈妈的腿都变软了。而我外公只是看着妈妈问道："宝贝，那时你非常饿，是不是？"事情就这样过去了。

和孩子打交道，最好试着从他们的角度看待事物，在他们犯了错误的情况下，要表现出幽默感，要理解他们。做到这一点其实很容易，就是要正确客观地看待问题，要知道，孩子们带来的小小烦恼和挫折感不值得大人小题大做、大动肝火。

在和孩子们交流沟通时，我尽量帮助他们认识到，人们可以用笑声来处理自己的错误或者面对的尴尬。在课堂上我会遇到许多令人尴尬的时刻，例如，有一次我摔倒了，打翻了粉笔盒，还把可乐溅到了裤子上。但我自己笑着站起来，继续上课。还有一次上课时，一个小男孩说："克拉克先生，你昨天就穿了这条裤子。昨天的钢笔水印还在你的裤腿上呢。你回家没洗裤子吧？"我低头看到裤子上有昨天用的彩笔留下的棕色污渍，很像一个树桩。于是我回答说："你说对了，我昨天是穿了这条裤子。"说着，我拿出一支绿色的笔，在"树"上加了些叶子。学生们都笑了，我也笑了，而后继续上课。如果那次我不是以幽默的方式来处理问题，而是显得很尴尬或者对学生发怒，那我就会给学生们传递错误的信息，以后他们就不会愿意对老师说出事实。我记得上小学时，一位老师穿着两只不同的鞋子来上课。最初大家都不敢指出来，最后斯蒂芬举手告诉老师他穿错鞋了。老师的反应是：低头看了一下，脸变得绯红，随即走出教室回家去换鞋，由一位助教看管我们。我记得那时我就想：如果老师说自己喜欢与众不同，所以穿两只不同的鞋，这种回答该多有趣呀！对于小孩子，与众不同就是真正的"酷"。如果她只是说："天哪！"而后大笑，那学生也会跟着大笑，事情就过去了。

你理解孩子的幽默吗？

↓

成人认为很正常的事情，
在青年眼中却很有趣、很可笑！

在类似的情况下，教师最好以笑声来化解尴尬，要以身作则，教育学生不要紧张易怒；要让他们看到幽默在面对错误和摆脱困境时发挥的作用。

当我在北卡罗来纳的一个初中篮球队做教练时，队中的几个男孩子不断给我们制造麻烦。他们都在 14 岁左右，是荷尔蒙正发挥作用的年纪，自然会表现出不尊重。他们从没有对我表现出不尊重，但一直不尊重另一位教练——米歇尔先生。由于这几个孩子不但不尊重米歇尔先生，而且还在课堂上和学校的其他地方制造各种麻烦，所以我和米歇尔就总是为了他们而头疼。当然，解决办法可以极为简单。既然他们不尊重其他教师，并且在学校表现不好，就应该从队里除名。但实际上我们很难做出决定，因为这些男孩中多数人来上学的目的就是打篮球。他们努力提高成绩、努力使自己的行为符合规范的主要原因，就是为了能够打篮球。每天放学后，我辅导队员们一起完成家庭作业，而后再一起练习打球，否则他们不会完成作业。如果我们把他们踢出球队，他们会伤心失望；但是如果留他们在队里，又会给他们及其他学生传递错误的信息。

有一次出去比赛，我们乘了两小时的公共汽车才到达场地，由于暖气出了问题，车里很冷。那天教课也不顺利，一切似乎都出了问题。当女孩子们打球时，我和男孩子们坐在一起。和往常一样，我不允许他们懒散地坐着听 CD 中的音乐。我告诉他们，在公共汽车中听音乐可以，但是在女队比赛时听音乐就是对她们的不尊重。我让他们坐直，认真观看比赛，就像自己在比赛中希望得到他人的鼓励一样全力为女队加油。两个男孩，塔米奇和布兰登，用衬衫领子遮住耳机，把 CD 机塞在裤子里，以为这样我就不会发现。女队比赛结束后，我把这两个男生带到衣帽间，告诉他们我对他们多么失望。他们俩是课堂上的捣蛋鬼，球队中的问题也多半由他们引起。他们不断惹米歇尔教练生气，但和我则一直相处融洽，我好几次都竭尽全力保住他们不被除名。当我告诉他们我因他们而感到沮丧时，他们竟咯咯地笑了起来。他们好像控制不住自己，相互看一看，努力想要止住笑声。我无法相信他们竟然这样不尊重我，甚至当我威胁说不让他们打球时，他们还继续咯咯地笑。当我问他们是否想要从球队中被除名时，他们还在笑。最后，我说：“好吧，你们两个都被球队除名了。"

事情就这样发生了。在此之前，这两个男孩在课堂上不尊重他人，不尊重米歇尔先生，而我付出了那么多时间和球队一起打球、比赛，并且一直在维护他们。最终，他们竟然如此不尊重我！当时我无法忍受这种不尊重。然而，5 分钟后，我后悔自己做出了那样的决定，并得到了教训——无论你是一名教师还是一位家长，在生气时做出决定绝非明智的做法。即便你觉得你所给予的惩罚非常恰当，或者觉得自己所说的话非常有道理。也请你不要忘记，冷静的头脑会对问题有更清楚的认识，经过认真思考做出的决定会产生更好的结果。我的另一个收获是，有时青少年不能很好地控制情感。他们有时哭，有时发怒，有时大笑。他们在学习如何控制这些情感，因为不成熟，他们很难在这方面做得很好。因此，教师和家长需要了解孩子的情绪和幽默感，要知道，有时成人认为很正常的事情在青少年眼中却很有趣、很可笑，这就是他们的特殊幽默感。

我上八年级时，有一次数学老师要批改试卷，给了我们 30 分钟自由时间。我和朋友莫妮卡决定给她的表兄写信，我在那年夏天见到了她的那位表兄。我们各自写了一封长信，借了两个信封，写上地址。贴好邮票后，我一边把我写的信递给莫妮卡，一边问道："帮我把信寄出去，好吗？"她回答说："我连我自己写的信都没打算寄出去。"

现在想一想，莫妮卡的话一点都不有趣，可当时听了她的话我大笑起来，从椅子上滑了下去，坐到了地上。那时我觉得有趣极了，根本无法停止大笑。老师站在我旁边问我怎么了，可我连喘口气、告诉他我没事都做不到。尽管我看出老师很生气，但我根本无法使自己冷静下来。现在，作为成年人，我已经无法说出当时是何种情感让我如此失控了，但那种情感是真实的。

我那时是否应该把塔米奇和布兰登从球队中除名呢？我现在也不知

道那时的决定是否正确。我只希望那时自己等冷静下来再做决定就好了。我多么希望当时是一对一地和他们交谈，而不是让他们坐在一起啊！笑声是具有感染力的，他们相互成为感染源。可能那两个男孩确实不配继续留在队里，但我一直倾向于给孩子们成功的机会，即便他们看起来根本不可能成功。

理解青少年这个群体是件很具有挑战性的事，并非所有人都可以在中学工作。和初中生打交道时，我们需要时不时地想想，自己在他们那个年龄时是什么样的；要知道情感的力量有多么强大；还要明白，14岁孩子眼中的世界和我们眼中的世界完全不同。

我们是否可以随意运用幽默？

↓

你的幽默要确保不会让任何学生受到伤害或感到尴尬！

我爱笑，并总是试着用幽默来处理各种不同的情况。然而，有时我的这种方法并不奏效。我记得上五年级时，我的老师爱德华女士总是非常严肃，她似乎从来都没有笑过。有一次上课时，她向我们灌输了无数需要记住的信息，我受不了了，举起双手引用了当时非常流行的一句广告语："卡尔根把我带走吧！"爱德华女士僵立着停顿了几秒钟。教室里鸦雀无声，而后她说："好吧，罗恩，如果你理想的被'带走'的终点是教师办公室，现在你的愿望已经实现了。"我深感羞愧。

我16岁时，在一家名为"传奇"的饭店里刷盘子。有一天，当我往橱柜中放餐具时，看到店主布兰达女士正试着从最顶层的架子上把一大盆千岛牌调味料拿下来。她踮起脚尖，两手努力向高处够，一点一点地把盆子往边上挪动。我看到盆子就要掉下来了，赶快跑过去帮忙。遗憾的是，我到晚了。整个盆子都翻了过来，将近4升的沙拉调料从头到脚盖到了布兰达女士身上，她立刻摔倒在地，成了一个大大的调料堆，她开始大笑起来。那是我所见过的最有趣的一件事情。于是我跑过去在她旁边蹲下，和她一起大笑，肚子都笑疼了。我们脸对着脸笑着，喊叫着。大约 30 秒钟后，我意识到，布兰达女士不是在笑而是在哭喊。当然，最后，我还是设法保住了这份工作。

我刚当教师时曾努力寻找方法和学生沟通，想让他们喜欢上我的课。我尽可能地运用幽默，可是有一次幽默过了头，结果伤害了几个学生。那时，连续几周班上的学生都在谈论詹姆斯和希瑟的男女朋友关系，但这两个学生都很腼腆，我从没看见他们一起交谈或者表现得喜欢对方。有一次上课，我在黑板上写出一些句子让学生们挑出其中的错误。为了增加这项活动的趣味性，我决定在句中运用几个学生的名字。其中一个句子的开头我是这样写的：

这个周末詹姆斯和他的女朋友

在此处我停顿了一下，学生们开始低语、窃笑。我继续写道：

希瑟去了美国历史博物馆。

学生们哄堂大笑。我看了看詹姆斯和希瑟，发现他们低着头，脸涨得通红。我感到不妙，马上对全班同学说："好了，够了。"而后把那个句子擦掉，写了另一个句子。然而，伤害已经造成。我让詹姆斯和希瑟感到尴尬，他们可能对我非常生气。因为此事，我在他们眼中变得不再那么令人尊重了。

从这件事我得出的经验是：永远不要运用会使学生感到羞耻或者不舒服的"幽默"。

有时，教师会拿某个学生开玩笑或者给他们起绰号，对此学生们会笑着接受，似乎他们并不在乎，而实际上他们会感到很不舒服，只是不知道如何用其他方法来应对这种情况。我的一个学生现在已经上高中了。我教他的时候，另一位教师给他起了一个绰号。一次我们出去郊游，其他学生用那个绰号叫他，他似乎对此并不在意，但后来当我问他是否为此烦恼时，他说："是的，我很烦，希望他们不要那样叫我，但是老师就是那样叫我的，对此我也没有办法。"我知道在学校有很多类似的情况存在，教师用昵称或者绰号来称呼学生，或者和学生开玩笑，他们没有意识到这种做法使学生感到很烦恼。学生并没有因为教师拿自己开玩笑或者给自己起绰号而表示不满，所以教师觉得这样做没问题。更糟糕的是，其他学生也跟老师学，继续开那样的玩笑。

能够和学生开玩笑，一起开心，这很重要。但同时，老师要确保他所运用的幽默不会使任何学生受到伤害或者觉得尴尬。

如何用幽默来激励学生学习？

调剂课堂氛围，让课堂既快乐又有很强的知识性！

好教师总是努力寻找方法调剂课堂氛围，使学习过程既令人快乐又有很强的知识性。我进行教学实习时教的是十一年级的学生。我收集了一大摞关于革命战争的复习资料，封面页我选择了乔治·华盛顿骑马的一张照片。最后一刻，我把自己的一张照片从脸部剪下来，贴到了华盛顿的头上。当我分发复习资料时，学生们笑得前仰后合，他们觉得非常有意思。

我决定把一些学生的脸部图片贴到家庭作业题或者测试卷的图片上。从此之后，我开始利用学年汇报册上的照片，把学生的脸部照片贴到和我们所要学习的材料相关的人物照片上，如士兵、科学家、运动员等。孩子们非常喜欢这种做法，多数人都恳求我下一次接着用他们的照片。

我开始教五年级的时候，用了同样的策略。但我首先给家长们寄信，请求他们允许我用他们孩子的照片在课堂上进行教学活动。而后，我为每个学生都选择了一张照片，把它们放在一个夹子里面。在另一个夹子里，我放入了自己收集的可能会成为很好教学材料的旧杂志和剪报。每次布置数学作业，在题的右侧我都留出一张照片所占的空间，而后我会选择一名学生，通常是需要一些鼓励的学生，把他的脸部照片贴在他喜欢的图片上。例如，如果这个学生是个铁杆足球迷，那么我就会把他的脸部照片贴在他喜欢的球星身上；如果学生想要成为一名宇航员，那么我就会让他“身着太空服”出现。我和学生都惊讶地发现，照片是如此的逼真，以至于很多学生会问我：“那真的是我骑在马上吗？”或者：“克拉克先生，我是什么时候穿的那套宇航服呀？”

我发现，照片出现在家庭作业题上的学生会更加努力地学习，并一定会完成作业。他们通常会把家庭作业带回家给家长看，这对他们在很多方面都很有帮助。渐渐地，每天放学前当我要发放家庭作业时，学生们都会坐在座位上期待着，准备起身领作业。如果没有作业，他们会很失望。这种失望当然是好现象。

如果你也想尝试这种做法，我建议你首先用自己的照片试一试效果，看看学生对此会做出何种反应。他们可能会哄堂大笑，觉得这很好玩。而你也要和他们一起大笑，让他们知道你也觉得这很有意思。如果你决定用孩子们的照片，那你不妨也像我那样建立两个文件夹，既省时又省力。在每项作业任务上加一张照片，通常要用 10 分钟时间，但当你看到学生的反应时，你会觉得这些努力都很值得。请相信我，尽管这种做法与普通做法不同，还需要老师额外付出时间，但是学生一定会对此产生积极反应，这种做法给一天的教学增添了幽默的情趣，使学生在兴奋中对以后的学习充满了期待。

幽默的力量在哪里？

↓

幽默让大家尽情欢笑！

大笑能够使我们感觉更好，我们都喜欢和能使我们开怀大笑、令我们感到愉快的人相处。尽情欢笑还能够减少很多压力。有一年，在年末会考即将到来之际，我和琼斯女士决定开“周六班”，想要在星期一和星期二的考试到来之前给学生提供额外的复习辅导。我们也希望帮助他们减轻压力，使他们对自己有信心、能够开怀大笑。

校长罗伯逊女士给我们打开校门后，学生们都来了。我们认真帮助学生复习、为考试做准备。到了中午，我们告诉他们，老师们为他们的努力准备了一份惊喜。我们把学生们带到图书馆，那里有事先准备好的枕头和靠垫，还有爆米花、饮料和各种小吃。我们和学生们一起玩游戏，还看了一部有趣的电影，欢笑着愉快地度过了下半天的时光。在此之前，学生们一直都专注于考试复习，神经绷得很紧。我和琼斯女士做这样的安排，就是想让他们有点时间发泄、放松、体验快乐。

北卡罗来纳大学的铁蹄篮球队和对手比赛时惨遭失败，不得不在两天后和另一支重量级球队比赛。铁蹄队的士气非常低，而球队的教练威廉斯做出了一件异乎寻常的事情。在为这场大赛事做准备时，他没有进行常规训练，而是让队里的队员和其他运动员进行一场比赛。他说这样做只是希望提高队员的士气，让他们重现笑容。队员们笑声不断，兴奋地为自己的球队加油，既放松又开心，整支球队的士气高涨、充满了必胜的信心。

欢笑给人无穷的力量，它能够替我们擦干眼泪，使我们不再失落沮丧；它能够帮助我们愈合心灵创伤；它还能够使我们冷静下来，振奋起来，重展笑靥。每个课堂中都应该有笑声，如果整节课过程中学生没有任何笑容，这样的课堂气氛就一定很沉闷。教师应该努力用自己的人格魅力把幽默、欢笑和积极的力量带入课堂，使学生充满活力，快乐地进入学习状态。

体验与反思

- 你是一个幽默的人吗？
- 你能理解孩子或学生的幽默吗？
- 你遇到过孩子莫名大笑而你满头雾水的情况吗？
- 你觉得自己善于用幽默帮孩子减压吗？
- 你有和孩子或学生间的独有的“幽默点”吗？
- 读完本章对幽默的介绍，你有哪些收获与感受？是否引起了你的共鸣？

9 常识

一代人自由思考的成果是下一代人的常识性知识。

——马修·阿诺德[①]

① 马修·阿诺德（Matthew Aronld，1822—1888），19世纪英国学者，诗人。——编者注

我刚开始谈论给学生制定的55条规则时，有人说他们认为给学生制定这么多规则很可笑。然而我发现，当我们给学生具体信息，让他们确切知道我们对他们有何种期望时，学生们会非常愿意实现这些期望。有时我们只是告诉学生要更多地体现出组织纪律性、要“规矩些”，却没有意识到，学生可能并不清楚我们成人的常识性概念的内容。教师和家长不但要具有常识，还要付出时间帮助孩子培养那些大人看起来不成问题的技能。

你是否注意和孩子说话的方式？

↓

给孩子的反馈要侧重指出他们的才艺、潜能和能力！

要想对孩子产生积极的影响，首先要特别注意我们对孩子们说话的方式。在我看来这是理所当然的事情，而由经验我知道，很多家长和教师似乎并不知道我们的话语会有多大力量。孩子们认为，我们对他们的看法就是他们真实表现的反映，如果我们总是说“你从没做过家庭作业”“你不知道尊重人”，或者说“你总是很粗鲁”，孩子们就会以为实际情况确实如此。于是，他们开始觉得自己粗鲁、不懂得尊重人，认为类似的消极评价是他们的表现的部分反映。渐渐地，我们对孩子的这种负面评价就会对他们造成伤害。我永远不会忘记这样一件事：一个学生的家长总是带着她最小的女儿来参加家长会。我说：“她可真是个可爱的小女孩。”可这位家长却回答说：“不，她不可爱，她很差劲。”我转向小女孩说道：“德玛萨，你不差劲，对吧？”小姑娘用手卷着头发，抬起头回答道：“我很差。”总是听到妈妈那样评价自己，她就真的开始相信自己的确很差了。

今年我参观了很多学校和社区，我的感受是：如果教师和家长努力有意识地激励孩子、支持孩子、给他们赞扬、承认他们的成绩，那么孩子就会更有自信，成绩也会得到提高。亚利桑那州的凤凰城有一所学校在这方面就做得很好。校方要求所有教师都要尽全力鼓励和肯定学生，而不许他们消极地否定学生或轻视学生。整个学校氛围的焦点是帮助孩子们树立信心。一进入校门，我就感受到了这一点。一群学生来迎接我，而后带领我参观校园，把我介绍给所有的教师，还介绍我认识一些他们的同学。他们为自己的学校感到自豪，对学习充满热情，懂得尊重他人。我沿着走廊参观，看到墙上挂满了学生的作品，这是他们取得成绩的体现。也许你不信，但是我参观的一些小学甚至没有把学生的作品挂在走廊中展示。而这所学校却到处充满了自豪感和关爱。

人们常常问我，父母是如何养育我的。我认为，我父母最了不起的地方是他们从来没有对我和我的想法进行否定的评价。他们总是爱护我，从来不说让我失去自信的话。有时候他们不得不对我很严厉、惩罚我，但他们从来不会提高声音或者用让我觉得自己很糟糕的方式来责备我。我们和孩子谈话的方式至关重要。我们必须支持他们，让他们对自己有信心。在给他们反馈时，我们应该侧重指出他们的才艺、潜能和能力。

如何让孩子做事更有条理？

↓

告诉孩子一些你觉得是“常识”但孩子们却不知道的东西！

每年我都会为学生缺乏条理性而感到困惑。有时，一个孩子要花 10 分钟才能找到所有的家庭作业。而作业出现了，上面却又常常带有污渍、折痕。最初，我根本无法理解做到有条理怎么那么难，后来我意识到，多数情况下是因为没有人给学生示范如何整理材料、做到有条不紊。有一年夏天，我去商店买了一套我希望学生们本年度人手一份的学具。回到家后，我把这套学具都放在地上，给它们拍了一张照片。而后，我给每个学生都写了一封信，随信附上了那张照片，并对这套学具中的每一项进行描述。我知道我可以不做这件事情，但是以前学生们在开学第一天总是带着他们并不需要的材料来上课，而我总是得让家长再去买其他的材料和笔记本。通常几周后，学生才能拿到他们需要的学具材料。而家长在开学前几周问得最多的问题是："我的孩子上学需要哪些材料？"对此，我可是受够了。只要我采取措施主动回答这个问题，家长就不会再问了。

当学生们带着所有学具材料来上课时，我会和他们一起把这些材料过一遍，告诉他们每一项的用途。他们在每个笔记本上都写上学科名称和自己的名字，我要求每个笔记本都只用于指定的学科。我让学生准备厚度为6厘米的学具夹以便装下所有材料。每个学具夹中有以下九类学具。

1. 五个笔记本。每个学科一个，共4个学科，另外一个备用。备用的笔记本用来给其他学生写信、写便条，或者用来绘画。如果没有这个备用笔记本，学生们就会用学科笔记本上的纸张，这就会缺乏条理。

2. 家庭作业文件夹。学生用这个文件夹保存没有完成的家庭作业。我在分发家庭作业时，会确保每个学生都把作业放在这个夹子里。

3. 两个材料袋，一个标注为"家庭作业"，另一个标注为"考试卷"。让学生们保留不及格的试卷很难，但是我告诉他们，在家长会上，我会为材料袋中他们保留的每一份不及格试卷额外加上5分。我提醒他们我知道他们每份试卷上的分数，如果在袋中缺少一份试卷，我就会告诉家长那份试卷的分数，并通知他们学生因为拿走了试卷而没能够得到附加的5分。

4. 家庭作业笔记本。学生每天都把家庭作业任务记在里面。教师要确定每个学生都正确地抄写下作业的内容，这对于小学生和中学生来说非常重要。这个笔记本还有助于家长们看到当天的作业任务。在学生们抄下每项作业任务时，我让他们在每项任务旁画一个小盒子。我告诉他们，完成一项任务后，就在盒子里画一个“×”，这样学生就可以准确地检查自己是否已经完成了所有的作业任务。

5．个人日志本。这个日志本学生每周至少用三次。我每个星期四查阅学生的日志本，通常我让学生用下课铃响前的 5 分钟时间来完成自己的日志。我要求他们把日志本翻到新日志的页码处，而后把日志本倒扣着放在桌子上。我在教室里走动，检查学生是否写得很好。关于写日志，我的基本做法是告诉学生可以随意写任何事物，但一定要表达情感，或者按照下面的一个要求写。

- 写出你对某一主题/话题的看法
- 写一件最近发生在你身上的事情
- 描述一件你所期待的事情
- 描述一件令你有所收获的事情
- 讲述你最近梦见的事情
- 描述你自己喜欢的事物

通常，我并不通篇读学生的日志，我会迅速用字母给出分数，偶尔写上一两句评语，而后继续看其他人的日志。我尽量不多付出时间看日志，因为写日志的目的就是让学生用语言进行表达，而不是看他们的语法表达是否正确或者句子结构是否完美。我不想让满篇红色的“教师评语”扼杀学生的创造性。

我一直和学生分享自己的写作内容。我也写日志，并把日志做成投影片展示给学生看。

6．活页纸。用来完成必须交的作业任务，同时避免学生从其他地方撕下纸张、纸屑乱飞。

7．一把尺子、一个计算器、钢笔、铅笔、蜡笔和一本日历。我建议学生准备带有三个孔的尺子，可以卡在夹子上。计算器、钢笔、铅笔、蜡笔放在夹子的前面。如果夹子中不能放这些物品，则可以买带有拉链的塑料文件袋装这些物品。

我给学生两本日历，都是我自己复印、压缩并打了孔的。一本日历是我们学校的校历，另一本日历包含午餐菜单，每月更换。

8. 卡片夹。在我的课上，我们会制作很多卡片，我希望学生有地方保存这些卡片，不至于丢失或者扔得满地都是。

9. 我的55项规则。我把班级规则发给每个学生，并让他们把规则清单放入材料夹中。让学生手头有一份包括班级规则、处罚程序及后果说明在内的清单，这是很有好处的。

每天，在学生离开之前，我都会告诉他们当天晚上需要用哪些书。不知什么原因，有些孩子每天都要把所有的书带回家，他们走出教室时的样子很像挣扎的海龟，一步一步地向前挪动。为了避免这种现象，我告诉他们只把必要的材料带回家，所以我每天都向他们指出当天需要哪些材料。

在开学的第一天，我和学生们一起浏览清单上的每一项材料，告诉他们每一项材料应放在哪里。在刚开学的几周里，我花时间帮助他们抄下作业内容，帮助他们把各项材料放进正确的文件夹中，还要确保他们按照要求利用笔记本。学生们逐渐地掌握了整个学具夹中各个部分的用途。学年结束时，他们已经能够快速有效地利用这些学具了。花这么多精力让孩子们做到有条理的主要原因是，他们不但会在学校中一直做到有条理，而且将来也会继续做到有条理。当我听到高中老师说我教过的学生非常有条理时，我感觉非常好。做到有条理似乎很简单，属于常识范畴，但对很多孩子来说却是陌生的概念，他们需要有人——一位老师、家长或者朋友，对他们进行引导，让他们知道自己怎样做才会更加有条不紊。

如何帮助新教师适应环境？

告诉新教师一些你觉得是“常识”
但他们却不知道的东西！

教学是很具有挑战性的职业，我很遗憾地看到很多优秀教师仅仅干了几年就离开了这个行业。他们满怀热情、精力充沛地进入教育界，但是很快就筋疲力尽了。我刚当教师时很幸运遇到了一位优秀的老教师，她帮助我，保护我，教给我在大学无法学到的、这个行业所需要的一些基本技能，例如，如何使用复印机，秘书喜欢吃何种糖果，如何和家长及其他教师打交道，如何填写实地考察旅行表，以及如何应付学生呕吐等。然而，并非所有的新教师都像我这样幸运。大多数新教师被“扔”进教师队伍，却没有得到成长所需的帮助。我们该如何阻止这种现象，留住新教师呢？

1. 家长应该尽力支持工作不到一年的教师，志愿参与实地考察旅行，志愿帮助教师开展课堂教学。要积极参与，确保自己知道课堂教学的进展情况；如果你觉得教师对孩子的教学没有到位，那么你可以在家里对孩子进行补充教学。不要对教师太苛刻，出现问题时你可以说出你的担心和忧虑，但要记住教师正在经历学习的过程，因此，你要竭尽全力给他们一个机会。在去找学校领导之前，你不妨先和教师讨论你的忧虑。

2. 不要把最具挑战性的班级分配给工作不到一年的教师。我在全国各地看到，很多新教师不得不接收有严重纪律问题的学生。有些资深教师在学校的决策中有发言权，觉得自己有权利选择学生，于是他们以新教师为代价选择轻松的班级，这种做法对于教育体制是有害的。负责分配班级的管理人员要非常了解每个年级的学生情况，这样在分班时才能够照顾新教师。如果学校采用电脑分班，那么也需要重新考虑这种方法是否合适。

3．大多数学校都给新教师指定指导教师，但是在有些情况下，指导教师并不会提供恰当的指导。所有资深教师都应该做到用言行来欢迎新教师，让他们有归属感。记住他们的名字；在他们的桌子上贴上鼓励性的字条；和他们分享教案和教学材料；帮助他们制作公告板；和他们共进午餐；告诉他们成功地融入学校所需要了解的事情；和他们交朋友；最重要的是，要对他们持积极肯定的态度。

4．不要让新教师过多地参加学校里的组织和活动，让他们专心地进行教学。对教师来说，即便不出席没完没了的会议，即便不需要为无数的课外活动负责，第一年的教学工作本身也已经够难的了。我见过很多工作不到一年的教师，当我问到他们所面临的最大问题是什么时，多数人的回答是“时间”。他们从来没有足够的时间做他们想为学生做的事情。当教师的工作量过多时，他们很快会感到筋疲力尽，对工作也会逐渐失去热情。当新教师刚刚踏上教学工作岗位，要让他们关注他们在学校的主要职责：在课堂教学中体现激情；付出足够的时间准备教学；体验做教师的快乐。

合理利用时间是常识吗？

↓

是的，但孩子们并不了解，你需要教会他！

我刚工作时会出现这样的情况：我全身心地投入教学中，一再向学生强调学习对他们有多么重要，但是考试时学生们考得很差。学生和家长一起向我保证他们的确学习了，我也不明白自己哪里做得不对。有一天一个小女孩对我说："克拉克先生，你会为我感到骄傲的。为了准备考试，我把整章内容都抄写了一遍。"她把抄写的内容给我看，的确，她逐字逐句地从书上抄写了整章内容。那时我意识到，很多孩子确实付出了很多时间学习，但是他们并没有合理利用时间。

从那以后，每个学年我都付出时间告诉孩子们如何学习。我给他们提出 10 条应试建议，付出时间和他们逐条讨论这些建议，让他们知道每条建议的确切含义，让他们了解这些建议如何能更有效地帮助他们准备考试。以下是 10 条应试建议的具体内容。

1．制作学习卡片。我向学生示范如何做卡片。我告诉他们在卡片的一面写上一个主题词，在另一面写上该主题词的定义。我让他们用手拿着卡片，看着主题词，试着说出定义，然后核对看是否正确。在我看来，制作学习卡片是理所当然的事情，但学生们以前却没有这样做过。

制作卡片的另一个好处是，学生可以让家长或者亲戚朋友拿着卡片随时对他们进行测试。具体做法是读出定义，看学生是否能够说出正确的主题词或者给出正确的答案。我还鼓励学生把重要问题写在卡片上，在卡片的背面写出答案，这样学习搭档在对同学进行测试时，即便自己没有所测试问题的相关知识，也能够判断出对方是否掌握了问题的答案。

2．阅读每一节知识的概要。有时，在进行单元测试前，学生们会说他们觉得应该重新阅读整个单元，他们会从第一节开始复习，但是通常复习不完所有内容，有时连一半内容都不能完成。我发现这些学生并没有认真学习所阅读的内容，他们只是"用眼睛在看"，而没有真正思考所读到的话语的含义。让学生只是复习概要，关注每句话的实际含义，他们可能会获取更多考试所需要的核心信息。

3. 注意图片图表、标题及其他说明文字。多数学生没有意识到正文之外信息的重要性，但是我告诉他们，有时我们需要从书中的图片图表中获取信息，来回答试卷上的问题。我自己在上大学时就时常运用这种技巧。我准备考试时做的第一件事情，就是看书中的图片和说明文字。我告诉学生如果图片出现在书上，那它一定很重要，作者把图片放在那里的目的，是希望大家通过看图学习或者领悟某些内容。

4. 注意一切用粗体字所写的内容。我让学生浏览正文，要特别注意粗体字。这些粗体字通常是核心概念，我建议他们阅读该概念前后的句子，以便更好地理解这个概念的含义。

5. 复习课堂笔记。这需要教师教学生如何记笔记。如果你随意走入美国的一个课堂让学生们记笔记，很多学生会认为他们需要写下教师说的每一句话。每年都会有学生拼命地记笔记，要求我减慢速度，而他们做出的笔记很不清楚，基本没有用。我告诉学生在我的课堂上他们要注意寻找三个线索，如果他们发现以下一个线索提示，就可以动手记笔记。

- 我减慢语速。这是我给他们时间记笔记的一个重要提示。
- 我反复强调同一内容。如果我重复某一内容，这个内容可能很重要。如果学生已经把该内容写下来，那么当我重复时他们就要在内容下面画线了。这样，他们复习时就可以知道该内容很重要了。
- 我停止讲解，在黑板上写出某一内容。

有时我要求学生做笔记，他们却说自己能够记住这些信息内容，没有必要写下来。我告诉学生，当他们在课堂上听到信息时，他们可能觉得自己不会忘记，但这是一个非常错误的想法。因为在课堂上很多信息一起进入大脑，而日期、时间等信息很容易混淆。所以即便孩子们觉得不会忘记，老师也要提醒他们做笔记。我告诉学生，我不但希望他们记住这些信息来应付考试，还希望他们能够长久地记住这些信息，写下信息不断复习会有助于长久记忆。

6．复习所有的小测试和章后测试的内容。通常，有些学科，特别是数学，书上会有很好的章节测试题，书后有参考答案。我鼓励学生做这些测试题，而后对照答案看看自己做得如何。做得不对的试题，我告诉他们要努力弄清楚如何得出正确答案。对于临时小测验，我让学生把问题抄写在另外一张纸上，试着回答这些问题。完成后，可以对照书上的测试答案检查自己做得如何。

7．和一个朋友一起学习。我告诉学生，和一个伙伴一起学习会有很好的效果，因为有时同学会抄写下重要的内容，而你可能没有记下这些内容。此外，我还告诉学生，其他同学记笔记的思路可能对他们自己的学习也很有好处。

8．一定要在考试当天早晨进行一次复习。有时，学生在考试头一天晚上学习2～3小时，但是第二天醒来时一些信息也随着睡眠“溜走了”。一个很好的办法是准备笔记卡片，这样，无论是吃早饭、坐公共汽车还是在学校等候上课，学生都可以复习卡片上的内容。学生不应该以为自己头一天晚上学习了，就已经为考试做好了准备。最好的做法是在考试开始前让大脑重新温习学过的内容。

9．好好休息。令我最烦恼的事情是考试时看到一个学生睡着了，或者听到某个学生的肚子咕咕叫。我知道那个学生不会发挥出最佳水平。我告诉学生不但要在精神上为考试做好准备，还要在体力上进行充分准备。一些常识性的做法就很有效，例如，头一天晚上睡个好觉，考试当天早餐营养平衡，这些都是让他们在考试时能够发挥最佳水平的重要因素。我还记得自己上高中时参加学术能力测试时的情景。我考试差一点迟到，好容易到了考场却又找不到准考证。我找遍了所有地方，都快急疯了，最后，在考试铃响的前一分钟我跑进了考场，心怦怦地跳动着开始答卷，那不是考试时应该有的情绪状态。我要求学生家长要注意考试日期，要保证孩子们准时带着必要的材料来参加考试。

10．不要害怕寻求帮助。无论在小学、在中学还是在大学，很多学生都会犯这样的错误——害怕向老师寻求帮助。向教师或者教授寻求额外帮助是没有害处的。很多教师都会把自己的笔记、课上用的投影材料提供给学生，还会建议学生要侧重从哪些角度来为考试做准备；他们可能还会提供其他有用的建议，使学生明确复习方向。至少，寻求帮助可以向教师表明，学生确实在乎这次考试，想要体现出自己的最高水平，考出好成绩。作为教师，我欣赏学生要求额外帮助的行为。我通常会告诉他们需要侧重复习哪些内容，或者就问答题给出一些提示。我很愿意这样做，但前提是学生要在课间休息时、午饭时间或者下课后向我寻求帮助。有些学生所犯的错误是在课堂上当着全班同学面提出要求。如果想要得到个别帮助，课堂可不是合适的地方。

常识是什么？

↓

就像磨刀不误砍柴工！

花费一些时间告诉学生们如何做笔记，如何学习、回顾信息，如何做到有条理，可以帮他们节省大量时间。这样做还可以使教师和家长更轻松。学生学会这些技能，知道如何学习、如何为考试做准备，能够独立整理自己的材料，这会减少其他人的负担和工作。这也方便教师在和家长见面时，评价学生在学校的表现。开家长会时，我只需要拿出每个学生的材料袋给家长看。无论是数学、写作还是其他学科，我只需要翻看相关部分的内容，就能指出学生的各种强项和不足之处。浏览材料袋的好处在写作课方面显得尤为突出，我们能够从每页纸上看到写作的进展情况，可以看出孩子已经取得了多大进步。如果家长问自己的孩子为什么得了某一分数，那么我可以找到“测试”部分，抽出旧试卷，这使我的工作变得容易得多。

在纽约工作时，一天晚上我在教室里召开教师—家长见面会。就是在那天晚上，校长对我的工作给予了极高的评价。那天我准备了一张签到桌和一张食品桌。食品桌上面有各种饮料、饼干和比萨。校长走进来，看了看我，以一种不赞成的语气说：“克拉克先生，你怎么也开始贿赂家长了？”听她这么说我觉得很失落，因为我觉得自己做得很好。我解释说，很多家长对学校抱有消极情感，他们多数都从来不来参加家长会，因为他们讨厌总是听到关于自己孩子的负面评价。而后，我告诉她，我愿意付出任何努力让家长来到我的教室，一起参与到学生的学习过程中。听了我的话，校长似乎很不以为然。她走到一个学生的桌子旁，用一只手打开桌子上的材料袋。她一页一页地翻看着，眼睛睁得越来越大。她不相信自己的眼睛，以为自己恰巧打开了最好学生的材料袋。于是她又走到后一排的边上，用一只手打开了另一个材料袋，翻看。而后，她又沿着那一排走，穿过两个过道，打开了第三个材料袋。最后她说：“克拉克先生，这太令人难以置信了！你怎么让这些学生达到这个水平的？”在此之前，我曾经和她谈了几小时，希望她看一看我的教学策略的效果。而那一刻，只用了一分钟时间，那些材料袋就帮助我消除了校长的所有疑虑，我的压力减轻了不少。

我建议所有教师和家长都付出一些时间，帮助学生学会自己处理上学所需要做的一切事情。这样，他们会变得更加有条理，更加高效。

体验与反思

- 你会经常向孩子讲一些你觉得是常识的事情吗？
- 面对孩子“常识性”的问题，你会进行耐心的解答吗？
- 你对于自己的孩子、学生及新同事有过在“常识”方面的帮助吗？
- 你有针对学习习惯方面的“常识”进行分享吗？
- 读完本章对常识的介绍，你有哪些收获与感受？是否引起了你的共鸣？

10 感激

我们在表达感激之情时，必须记住感激的最佳表现形式不是语言，而是行动。

——约翰·肯尼迪

作为教师，我们不但要自己表现出感激之情。还要让学生理解心怀感激的重要性。然而，我认为更重要的是，作为教师我们应该感谢家长，是他们使我们有机会和孩子们在一起。每天家长们都很信任我们，认为我们引导、支持、教育孩子的方式会使他们的孩子更加积极乐观、做得更好。教学是一项重大责任。我们不应掉以轻心。我们应该把教学看成是我们有幸得到的一份礼物、一种特权和一份职业。

你通常会对别人的帮助表示感激吗?

↓

表达感激会让别人更乐意帮助你!

我总是向学生们强调，在人生道路上他们要对那些帮助自己成长的人表达感激之情。我告诉他们，如果某人看到你确实很感激他为你做的事情，那么将来他就很可能愿意再次帮助你。

我自己就是通过运用这个人生哲学才为班级的各种活动和旅行筹集到那么多资助的。当我初次去找某家公司为我的班级提供资助时，他们通常只愿意给很少的一笔钱。但即使只有 10 美元，我也会让所有学生都给他们写感谢卡和感谢信。我还给校长，甚至是学区督学一份为我的班级提供资助的公司清单，请他们给每个公司都发一封很短的感谢信。后来，当我给这些公司打电话的时候，他们都说非常高兴收到了精美的卡片和感人的感谢信，但是他们很惭愧只给了那么点钱。我回答说："没关系，实际上，我们正在启动另外一个项目，很希望再次得到你们的帮助。"

这种表示感谢的方式帮助我的班级和许多公司建立了很好的伙伴关系。我发现，这些公司有钱、也愿意捐助，关键是他们想要知道钱的去向、用途，想要知道有人感激自己的帮助。

很多其他情况下，感激之情的表达也会产生很好的作用。我的朋友米歇尔是面试方面的行家。她申请职位从来没有失败过。我曾经问她有什么技巧，她说她总是给面试委员会的成员寄感谢卡。她说在卡上她感谢他们付出时间和她交流，感谢他们让她有机会和他们一起讨论那个令人兴奋而具有挑战性的职位。米歇尔告诉我，当她现在的老板打电话通知她得到现在这份工作时，还特意说起她的卡片给人留下了很深的印象。老板说面试委员会的人都很喜欢她，在接到卡片之后，他们更加确定她是公司的合适人选，因为她具有关注细节考虑周全的品质。

我的朋友贝丝总是谈论“有礼貌的客人”和“没礼貌的客人”的区别。她说有礼貌的客人从来不空着手进门，他们总是拿着一些礼物，例如，甜点、一束鲜花、一瓶葡萄酒或者其他物品来表示感谢。她说懂得礼貌的客人会在开饭时立刻评价食物的味道，最懂得礼貌的客人会说他们希望得到某一道菜的菜谱，以此来证明他们的确很喜欢这道菜。贝丝说开饭时她总是很紧张，担心客人不喜欢自己准备的饭菜，如果客人不开口说他们喜欢这些饭菜，她就会在等待中变得更加紧张。

贝丝说她总是邀请那些“有礼貌的客人”来家里吃饭，她喜欢和这些人在一起，因为他们知道她付出很多时间和精力来使那顿饭和那个夜晚更具特色。当然，她还是喜欢和那些“没礼貌的客人”交朋友，但是她不会请他们到家里吃饭，而是在外面和他们共进晚餐。

在学校，我常和学生谈论向给予自己帮助的人表示感谢的重要性。我指出，学校卫生管理人员每天都要辛勤工作，使学校成为学生学习的最佳环境。为了向卫生管理人员表示感谢，我让学生们从家里把饮料、薯条及装好的菜带到学校。午餐时间，我们在书桌上铺好桌布，把食物摆好，把室内光线调暗，播放柔和的音乐，而后在教室里挂上一条横幅，上面写着：“我们感谢你们！”一切准备就绪之后，我们请管理人员到教室来，和我们一起品尝专门为他们准备的“特殊午餐”。我们的行动使这些管理人员非常感动。在此之后，我惊讶地发现，我们的垃圾桶被清理得更加频繁。有一次，我走进办公室，发现头一天晚上有人帮我打扫了房间、拖了地。我们并没有期待我们的教室得到特殊的待遇，但是我们非常高兴地看到，管理人员知道我们特意为他们做了事情，想要用这种方式回馈我们对他们的谢意。

在许多情况下，表示感谢并不只是对人友好、考虑周全的一种表现，这样做更是为了让他人知道我们意识到了他们付出时间和精力来帮助我们。如果人们感觉到他人注意到了自己付出的努力，那么他们很可能就会继续这种努力。

改进教育的核心因素是什么？

↓

尊重教师，让他们知道我们感激和欣赏他们所做的一切！

美国教育改进的关键不是更先进的技术、更大的图书馆，也不是更高的测试成绩或者更小的班级规模。当然，这些因素都会发挥作用；但是，能对我们的学生产生最大影响的是授课教师。美国有些学校没有技术设备和图书馆，学生使用过时的书本，但是他们的成绩却很高。主要原因是，在这些学校的教室中有博学敬业、热情教学的教师。那么，为什么不是所有的课堂中都有这样的教师呢？我认为原因之一是，教师的工资和人们对这份工作的期望不成比例。有人曾经对我说，到全国各地巡回演讲一定是我所经历过的最辛苦的工作。实际上，这和在课堂上授课相比起来根本不算什么。作为教师，我们每天在体力上、精神上和情感上都疲惫不堪，没有哪项工作比这更难。有人可能会说家长的职责更具挑战性，对此我没有异议。但是实际上，真正出色的教师会把学生都看成自己的孩子，在每学年中他们都感觉到一种压力，要让每个学生身上体现出人生的不同价值，这一任务足以令人望而却步。记得在成长的过程中，我一直认为："当教师可没那么难。他们还有暑假呢。"我那时的想法多么天真呀！教师要付出令人难以置信的努力，但是很遗憾，他们付出的努力并没有得到相应的回报。

我上大学时的几个朋友有兴趣成为教师，他们多数都是男生。但是最后他们还是决定放弃，因为他们想要挣更多的钱，让家人过得舒服一些。他们不想要么在暑假打工，要么就节衣缩食、靠微薄的工资生活。我的几个同事辞职离开了学校，因为其他行业提供的工资是他们原有工资的两倍。当你要养家时，那么高的工资很具有诱惑力。当然，我并不是说教师都过度关心薪水。如果他们很在乎钱，可能就不会选择做教师了。然而，如果教师的工资比商界的薪水更具有竞争力的话，那么我们可能就会从大学招来最优秀的毕业生加入教师队伍。很快，所有的课堂中都会出现有智慧、有动力、热情敬业的教师，他们会为学生提供最好的教育。我们不就是想要看到这种现象吗？

在美国改进教育的核心因素是什么？给予教师足够的补偿，从大学招聘最优秀的毕业生，使他们成为下一代的优秀教师，这是一个很好的开端。此外，尊重教师，让他们知道我们感激和欣赏他们所做的一切，这是每个人都可以做到的。

学校发展的关键是什么？

↓

对教师的工作表示认可！

对学校的环境影响最大的人可能要数校长了。他为学校的年度发展确定方向，为全校教职工树立榜样。他所做出的决定影响着全体教师和学生。最好的校长会对学校的发展有极高的期望，会非常欣赏教职工所付出的努力和所表现出的敬业精神。他能获得教职工的信任和钦佩，使他们更加愿意倾听自己的见解，愿意付出更大努力来实现设定目标。在现实中，对一位校长的实力和魅力的衡量方式，是看他是否有能力使教职工展现自己最好的品质，是否有能力使教职工利用自己的才能、智慧和创造性来满足所有学生的需要。

为了取得这样的效果，校长要对教师的工作表示认可，这对学校的发展是至关重要的。得到表扬的教职工甚至会愿意为做事有效的校长上天去摘月亮；相反，因被贬低而感到压抑的教职工则会把消极情绪和消极行为传播到全校。

以下是我为校长提供的方法建议，按照这些建议他们可以对教师表达出感激和欣赏之情，从而形成一种氛围，让教师和学生感到自己的努力会受到关注、赢得欣赏。

1. 无条件地给予支持。我常常请教师们说出一位好校长所具备的一个特征，我得到的最多的一个答案是：在涉及家长的一些问题上，最好的校长应给予教师全力支持。对于教育工作者来说，这是一个重要问题，因为有时家长会变得无礼甚至不讲道理，而起因则往往是家庭作业量的大小、学生一天去厕所的次数等很小的事情。家长出现在教室门口，对你大声嚷嚷，这会令教师们感到很可怕。当自己的能力受到质疑时，教师们需要得到校方的支持。我在斯诺登小学工作时，和家长打交道我觉得很安全，因为我知道校长罗伯逊女士一定会支持我。有一次她对我说："克拉克先生，我总是会不惜任何代价支持我的教职工，除非他们违背了学校的政策规则。"她对我们的能力有信心，她信任我们，愿意承担责任、愿意和家长打交道，这对我们来说很不同寻常，为此，我非常尊重她。

校长们，请不要在与家长打交道时显示你的权威，而让你的教师处于无助的境地。要让教师们知道你信任他们，支持他们。

2. 不要使教师负担过重。校长们有一种倾向，就是给予有能力、可靠而高效的教师很多的责任。问题是这些教师会负担过重。以前，我的校长让我做额外的事情时，我总是不得不说"好的"，因为拒绝会让我觉得很愧疚。教师们很难说“不行”，但是当他们说“不行”时，校长应该尊重他们的决定，不要施压让他们做一些事情。

3．向教师征求意见。我教学的第二年，有一天，罗伯逊女士把我和琼斯女士叫到了办公室。她说需要和我们谈一件重要的事情，而后她告诉我们她得到了一笔钱，希望听一听我们的建议——如何对学生做出最好的奖励。她说信任我们的判断力，希望我们自己选择恰当的方式来利用这笔钱。琼斯女士和我走出办公室时，忍不住在大厅里跳起舞来。我们很高兴可以把钱花在学生身上，更让我们感到高兴的是，罗伯逊女士欣赏我们，愿意听取我们的建议。

校长负责为学校的日常管理做出决定。如果可能，他们应该付出时间听取其他行政管理人员、教师及秘书等学校员工的建议和意见。有时，分享决策过程非常有助于学校建立起尊重他人的氛围，有助于全校员工主人翁意识的建立。

4．处事要公正。请相信我，如果教职工中有人受到区别对待，那么全校都会知道此事。教师们会留心学校里的事情，例如，谁的课程安排得最好，谁早退或者谁没有参加教工会议，谁得到了最好的办公设备材料等。对于校长来说，让每个人都觉得自己做事公正很难，因为一视同仁地对待每一个人是不可能的。但是，校长应该知道，多数教师都能意识到学校中其他人受的是何种待遇，一旦出现偏袒，就会发生纠纷。

5．以身作则。如果校长自己每天到校很晚，就不应该要求教师很早到学校。一位教师需要因私请假，如果不是非说不可的话，校长就不要对其原因提出疑问。如果校长自己没有全身心地投入学校的工作中，就不要要求他人对工作有热情、努力付出。作为校长，要取得成功的一个关键因素是：要以身作则，起带头作用。如果校长自己对教育孩子有激情，全身心地投入其中，那么这种激情通常会感染所有的教师。

6．采取门户开放政策。这个政策看似简单，但在教师们眼里很重要，他们会关注着校长办公室的门是开着还是关着。如果门开着，他们就会觉得可以随便地走进去，敲一下门打个招呼。如果门关着，那就会让他们感觉到校长是不可接近的。

7. 尊重教师的时间。这个问题通常适用于教师会议。如果要召开教师会议，校长一定要准时到达。开会一定有原因，但是校长一定不要把会议拖得很长，最好的时限是放学后30分钟。

8. 立即处理纪律问题。从我自己的经历来说，我见过一些校长处理问题迅速而有效，也见过一些校长把问题拖上好几天，而后再采取行动解决问题。有时，某位教师向校长报告某一学生在课堂上不尊重教师、制造麻烦，希望校长帮助处理，而学生却在几天后才被叫到校长办公室，到那时，也许那个学生已经不再是课堂上的问题学生，已经开始认真听课了。这时才不让学生上课，已经没有意义了。为了有效地处理问题，处罚措施要像奖励措施一样迅速而恰当地给出。好的校长知道这一点，他们也知道教师只有在没有其他办法的情况下，才会向校长汇报一个孩子的不良行为，希望得到帮助。这时校长要尊重教师，并立即处理问题。

9. 听课之后立刻给出反馈意见。在一次正式听课之后，教师会非常急切地想得到反馈意见。有时教师讲了整整一堂课，校长却只是静静地看着那位教师讲课，课后没有说一句鼓励的话或者给出一句肯定的评价就走了，这使教师们很烦躁。我参观的一些学校中有这样的做法：下课后那位教师立刻和校长一起离开，一位代课教师接管课堂。学校可以聘请代课教师在每一次听课后替讲课教师管理15分钟。这对教师、学生和校长来说都是较好的解决办法。

在和校长讨论了刚刚教授的课程之后，教师回去继续教课，放学后校长以更为正式的方式给出评价。这个体制很有效，减轻了教师的很多压力。然而，在有些学校，校长要在几天甚至几周后才能讨论教师的课，因为他觉得在见教师之前，自己要把听课的评价打印出来，而实际上这样做很浪费时间。此外，很多教师在等待听课评价结果出来的过程中，会非常焦虑和不安，他们不应该担负这种压力。

10. 记住每个学生的名字。我有一次参加六年级的毕业典礼，校长竟然把近四分之一学生的名字都读错了。那真是令人尴尬的场面，很多台下的家长都毫不客气地让校长知道了他们有多么生气。了解并记住一个人的名字是最基本的尊重他们的形式。如果一位校长不能正确读出每个学生的姓名，那他又如何能够把学校办好呢？

11. 让教师自由地发挥创造性，提出新见解。最优秀的教师能够提出具有创造性的建议、策略和计划，最优秀的校长愿意给这样的教师机会，让他们探索新的方法和技巧。很多次，我微笑着走进罗伯逊女士的办公室，她总是会说："无论任何事情，我都不会同意的。"这时，我会坐下来解释自己的想法。她则会认真倾听，而后总是允许我自由地尝试实施自己的想法。她并不总是同意我的观点，也不总是认为我的策略会奏效，但是她还是愿意让我进行尝试。这种信任对教师来说非常重要，最优秀的校长愿意授权给自己的教师，允许他们尝试实施新的想法。

校长也需要来自教师的肯定？

↓

没有教师的支持，校长的工作也难以开展！

校长的工作并不容易，而如果没有教师的支持校长的工作就会变得更加艰难。在有些情况下，校长似乎身上带刺、很难相处，这使教师教学的乐趣大大降低。这时，我们要多为学生考虑，做出反应的方式要有利于改进学校的风气，而不是毁坏学校的环境。当我们对校长及其他领导的能力和人品提出质疑时，下面的建议也许会有帮助。请记住，这些方法也可以体现出我们对优秀校长的尊重。实际上，大多数校长还是很优秀的，他们有激情、有动力，他们致力于学校的工作，他们需要我们的支持和赞赏。

1. 避免消极否定。消极的态度是会相互传染的。学校的氛围可能很紧张，但是，即便我们因为自己被分配了额外的任务或者能力受到了质疑而对领导层很不满，我们也必须避免在学生和家长面前以消极否定的口气谈论学校的情况。消极否定是非常不符合教师身份的，也会传递错误的信息。

此外，避免在新教师面前对学校的事物表现出消极否定的态度。我记得有一次听到一位新教师说她非常喜欢校长，觉得自己被聘任很幸运，并为此心怀感激。这时一位老教师说："你等着瞧吧，不久她就会让你体会到她的厉害!"听了这话，可怜的小姑娘被吓得目瞪口呆。

我在不同的学校工作过，我也体会到了在很难沟通的校长手下工作的滋味。但是，对充满热情的新教师大谈特谈学校的短处，是完全不利于学校环境改善的。

2. 穿着得体。校长们常遇到的一个问题，就是他们很难让教师们穿着得体，体现出职业风范。我完全不明白为什么这会成为一个问题，因为如果教师们希望他人把自己看成是专业人士，那他们首先就要穿得像专业人士。此外，如果教师们穿着套裙或者穿着西装戴着领带，学生们就会对教师更加尊重，纪律问题也会相应减少。我不知道为什么有那么多教师穿着T恤、汗衫或者牛仔服去学校。如果我们的穿着具有专业风范，那么学生、家长和学校领导就更可能把我们看成是专业人士。

3. 在课堂上处理纪律问题。有些时候，问题学生确实需要被叫到校长办公室进行处理。然而，在有些情况下，教师应该试着在课堂上或者在教室门外解决问题，以便减少校长的压力；否则，校长就要处理学校发生的每一件事情。如果你希望校长认真对待我们提出的纪律问题，那么你就不要在出现任何问题时都向他求助。

4. 开会时要注意倾听。对于开会倾听这一问题来说，教师可能是世界上做得最差的人。开会时，我们似乎体现了课堂表现最差的学生的品质和做法。校长可以看到谁在倾听，谁没有注意倾听。在开会时，体现尊重的最佳方式是看着校长的眼睛，停止批改试卷，不要交头接耳，要全神贯注地倾听。

5. 尊重校长的决定。有时教师们不同意校长做出的决定。我了解到，有些时候这些决定依据的信息并不能够公开让每一位教师都知道，因此，教师不要迅速对之做出否定性的评价，而要相信校长及其他领导是以学生的最大利益为出发点的。教师们有时不必知道、也不应该知道领导们关起门来讨论的事情。

6. 认真教授课程。当我让校长们说出一件教师们能够做到的帮助校长减少压力的事情时，他们多数人都说："好好教学，取得良好教学效果。"教师能够帮助校长及其他领导的最佳方法，就是确保自己的教学质量，确保学生喜欢学习且学有成效。如果校长知道一位教师在教学方面做得很好，那么他就会让教师觉得自己很好相处并全力支持教师的工作。

7. 帮助解决问题。如果学生缺乏学习动机、有些教师比较差或者学校的成绩比较低，我们会很容易把这些问题的责任归结到校长或其他领导头上。然而，教师应该自问可以做什么事情来帮助学校解决问题，或者对学校产生积极影响。我们能够做的事情可能是：放学后对学生进行辅导；和其他教师一起分享教学经验；寻找各种途径改善学校的环境；等等。总之，无论教师如何做，其主旨都应是为学校做出贡献，自主地改善学校的状况，而不是把责任归咎于他人。正如俗话所说，如果你不帮助解决问题，你就会帮助制造问题。

只要孩子积极和老师沟通就可以了吗？

↓

家长也应该积极与老师沟通！

教师肩负着培养未来世界公民的重任，也承担着很多压力。如果家长能够做到尊重教师，尽力积极地帮助他们，那他们就会为此非常感激家长。

1. 倾听双方的声音。家长和教师之间90%的问题，可以通过给彼此机会描述事情的经过而得到解决。孩子们通常会在描述事情经过时避免谈及自己的责任部分，这会造成很大的误解，因为家长很难不完全相信自己孩子的话，他们基本上会把孩子的话当作事实。但是，家长们应该记住，在你对教师表示不满意前，要给他们机会说明他们对所发生事情的看法。

2. 要耐心。每个学年开始，我和家长们谈话时会请他们保持耐心。我告诉他们，对于孩子们来说，新学年面对新教师和更高的标准有多么难。通常他们会抱怨学习多么难，家庭作业太多或者说教师不公平。有时他们说不喜欢一位新教师，实际情况可能是：他们不喜欢面对比去年更多的学习任务。好教师会寻找方法使学生顺利度过过渡期。我让家长们和我一起承受最初几周的不愉快，让他们对孩子的抱怨要持保留的态度。

3. 要避免在家中表现出对教师的消极否定情绪。有时家长会对孩子的老师感到不满，这不足为奇，因为即便是最有教学经验、最能干、最受尊重的教师，有时也会因某一原因令家长不满意。这种情况下，家长应该直接和教师沟通，而不是在自己的孩子面前消极地谈论此事。如果家长在家中表现出对教师不尊重，孩子就会觉得他们也可以在课堂上对教师表现出不尊重。

4. 偶尔表现一下感激之情。我爱吃，有时家长让孩子带来各种糕点，他们考虑得如此周到，这令我更加有动力努力工作。家长还会寄来卡片对我的付出表示感谢。这种感激之情的表现很重要，因为它会成为教师的一种动力。教学工作很容易使人感到失落沮丧，而收到来自家长的积极反馈会对教师有很大帮助。当然，我在课堂上确保做到对每个学生都不偏不倚。家长不应该以为，对教师好就会影响教师在课堂上对待自己孩子的态度。

5. 要在恰当的时间和教师联系。家长做的最不尊重教师的一件事情，是事先没有和教师联系就出现在课堂上、要和教师讨论问题。我喜欢家长来到学校，坐下来听课或者和我谈论自己孩子的表现。然而，所有这些事情都应该事先计划安排。教师要做的事情本来就够多的了。如果教师正在讲解自己精心准备的课程，而这时家长突然出现在门口，教师不得不到走廊和家长交流。这样一来，学生和教师的注意力就全被分散了。

6. 做榜样，发挥积极的引导作用。无论是参与学生的外出旅行还是为学校做志愿者，或者参观学校，家长都一定要记住：自己正在给所有的学生树立榜样。一次我们外出实地考察，坐着大货车颠簸了 6 小时。一位家长坐在我旁边，一路上总是和我说话，还不断说着脏话。她每次说脏话时，都会压低声音，身体向我倾斜，但是孩子们还是能够听到她说的每一句话，我被她烦死了。还有一位家长来学校当志愿者，他穿的 T 恤上面写着脏话。这样的事情令人觉得既恼火又无奈。同样，如果家长表现得很消极，或者不尊重学生，那这样的态度和行为也会对学生产生不良影响。

7. 出了问题要先和教师进行沟通，然后再去找校长。就此问题我有很多话要说。不和教师交流就直接去找校长解决问题，这种做法不但不尊重教师，而且对教师也不公正。如果已经尝试了和教师一起解决问题但仍没有进展，那么家长就完全可以和校长或者其他校领导见面，要求解决问题。

只有教师该为孩子的教育负责吗？

↓

家长也应为孩子的教育负责，

教师应该积极寻求家长的帮助！

对于教师来说，和学生的家长建立良好的关系对教学工作的成功至关重要。当家长知道你尊重他们、愿意和他们紧密合作来帮助他们的孩子时，他们会尽可能地帮助你做任何事情，无论是帮着烤制饼干、辅导家庭作业还是帮助处理纪律问题，他们都非常愿意。

1. 经常和家长联系。教师容易犯的最大错误是不和家长保持联系。我记得我进行教学实习时教授的是十一年级的学生。那时，我的一项任务是熟悉学生的档案情况，我发现一个名叫权特的学生的智商非常高，可他在课堂上从不认真听讲，是班上的问题学生。我决定给他妈妈打电话，让她知道我觉得她的儿子在课堂上没有发挥自己的潜能。当我告诉那位妈妈她儿子的考试分数时，她很吃惊。她说并不知道儿子成绩这么差，因为我是高中阶段第一个往她家打电话的教师。她还说我对她儿子的关心使她很感动。第二天上课前，权特跑来感谢我给他家打了电话，整个一堂课他都认真听讲。后来他不断进步，在我教课的那段时间里他的平均成绩一直都是A，而在此之前，他的平均成绩是D。

这个例子让我知道了和家长保持联系的重要作用。我一直努力通过卡片、便条、电话、家长会及家访等形式和家长保持着沟通。如果教师让家长知道孩子在课堂上的表现，那么几乎所有的家长都会尽力帮助教师。然而，要让家长做到这些，教师必须积极和家长沟通，同时尊重家长。

2. 提供指导，让家长知道如何帮助孩子。家长们总是问："我怎样在家里帮助孩子学习？"教师如果想要让自己的工作更加容易，就要告诉家长如何做。我以前常常告诉家长："只要确保孩子每天都读书，或者你每晚都陪孩子读书就行了。"我要求家长做的主要就是这些，当然，这是家长要做的最基本的事情。然而，后来我逐渐了解到，如果我对家长提出更加具体的要求，他们会更加愿意配合，也会更加了解自己该如何做。于是，我开始要求家长在陪孩子读书时，要向孩子提出 6 个重要问题。每次让孩子读一本书时，我都会把问题写在卡片上，让孩子带回家。

问题如下。

（1）读完书名之后，你觉得这本书的内容是什么？

（2）你认为作者为何在书中运用插图？

（3）你对书中后来的内容做出何种预测？

（4）本故事使你有何感受？

（5）你是否喜欢本故事的结尾方式？

（6）你喜欢这本书的哪些方面？

给家长这种指导可以使他们知道，不仅要确保孩子读书，更要让孩子思考、讨论所读书籍的内容，考虑作者的写作思路。我在各个学科都运用这一策略，在学习分数时，我让家长买卡片和孩子一起练习。我很快发现孩子们的书包中都有了卡片，当我们在课堂上复习分数时，我可以判断出家长们已经和孩子们练习过了。我在制作词汇练习题时会多做5份，这样，如果家长需要的话，我就可以很方便地给他们。就写作而言，我让家长每晚监督孩子们写作，要帮助检查大写字母和拼写方面的错误。我不想告诉家长“要检查语法错误”，因为检查语法错误包含很多内容，令人觉得很难完成。对家长来说，只检查2项错误似乎是更加合理的任务。当我在纽约城教书讲解恐龙时，我让孩子们给家长带回一封信，鼓励家长带孩子们去自然历史博物馆。接下来的星期一，有几个学生告诉我他们是如何在博物馆和同学相遇的。并非所有家长都愿意接受教师的建议，但是对于那些愿意配合的家长，教师应该给予具体的指导，让他们知道如何才能帮助孩子学习。

家长可以帮助教师做很多事情，这些事情和他们能够挣多少钱、居住在哪里、他们自己受过多少教育没有关系。教师绝对不要认为家长不会付出努力。我发现，如果教师给出了具体要求，家长们会很愿意付出努力，这样会减轻教师的很多压力，也会帮助孩子们做得更好。

3．感谢家长给予我们的帮助和支持。家长可能会忙于工作、忙于养家糊口，而帮助学校做事情的确很耗费时间。无论家长给予我们何种帮助，无论是帮助辅导学生，为学生的表演制作服装，还是为班级制作蛋糕，教师都应该表示感激，这非常重要。只要可能我就会给家长寄感谢信，但是通常因为我很忙，所以只能给他们打电话表示感谢或者当面致谢。无论以何种方式表示感谢，教师都应该让家长知道他们的帮助有多么重要，让他们知道教师非常感激他们的努力。

4．理解家长对孩子的情感投入。把自己的孩子每天7小时交给另外一个人，这对于家长来说很难。家长对教师非常信任，因此我们在教育学生时要友善而宽容。当我们和家长讨论孩子的进步情况时，要注意讲话的方式，要体现出尊重，避免用消极否定的话语做出评价。同样重要的是，教师要对家长做到诚实，没有必要回避问题或者绕弯子。家长喜欢听到事实，但是教师要注意说话时不应贬低孩子。

优秀的学区督学应该具备什么样的品质?

经常参观学校，遵守权限级别，表扬校长和教师!

在学校体制中，人们的行为和态度会自上而下地传递影响。如果学区督学很苛刻，总是盛气凌人，那么这些品质通常会传染给校长，再传染给教师，而最终是学生在这样的环境中承受痛苦。相反，如果学区督学积极向上，那么这种态度也会传遍整个学区。身居重要位置的人需要意识到，如果自己希望看到下属表现出一些良好品质，那么自己首先就要展示出这些品质。

1. 经常参观学校。优秀的学区督学应该具备什么样的品质？我问过很多教师和校长这一问题，他们都提到的一个品质就是：要经常参观学校。如果学区督学想要真正领导好一所学校，那他就应该经常去学校，亲眼看一下每个校园里发生的事情，亲自了解课堂的教学情况。这对教师们很重要，他们会用这一点来判断学区督学的领导能力，判断督学是否能为学校机制做出最好的决定。令人吃惊的是，督学访校的次数并非像人们想象的那么多。我记得有一年督学参观了我们学校一次，还有一年参观了两次，但参观区域就是校长办公室。教师们特意把教室打扫得特别干净，还鼓励学生们要举止得体，结果他们发现除了校长办公室，在其他任何地方都不需要注意什么。教师们非常聪明，他们知道学区体制中正发生着什么事情。他们知道学区督学对他们的需求的关注程度，也知道督学在他们的学校中付出了多少时间和精力。

2. 遵守权限级别。如果一位家长来找学区督学解决涉及一位教师的问题，督学首先需要问的一个问题是:“你和校长讨论过这个问题了吗？”如果答案是“没有”，谈话就应该到此结束。

3. 表扬校长和教师。表扬让人感觉很好。表扬让我们有成就感，促使我们更加努力地工作。我记得在一次学区会议上，督学走到我跟前，祝贺我的学生在科学博览会上取得了好成绩。我很惊讶，因为我原先以为她并不认识我，而她却连我的学生的名字都知道。我记得散会后我还一直在想她是如何做到这些的。还有一次，琼斯女士打电话告诉我说，督学特意走进她的教室，告诉她应该为自己学生的学年成绩而感到非常骄傲。这些小小的举动对于教师来说非常重要，但是我想，多数督学可能并不知道这几句简单的话语会对教师产生何种影响。

学区督学的责任繁多而重大，但是通过参观学校、尊重校长和教师、时常真诚地给予表扬，督学会创造出一种人人都更加努力的环境氛围。在这种氛围中，学生们取得进步的速度会更快，他们所要解决的问题有一半会自然消失。

体验与反思

- 在工作与生活中，你是否对很多人心存感激？
- 你是否经常向身边的人表达你对他们的感激之情？
- 你知道在工作中也需要向他人表达感激之情吗？
- 你通常都以什么方式向他人表达你的感激之情？
- 作为家长，你是否记得孩子的老师的名字？
- 作为教师，你是否记得孩子的家长的名字？
- 作为校长，你是否记得每位教师的名字？
- 作为上级，你如何向下级表达你对他们的感激之情？
- 读完本章对感激的介绍，你有哪些收获与感受？是否引起了你的共鸣？

11 通达

衡量一个人优秀与否的最终标准，不是看他面对舒适生活时的立场，而是看他如何面对挑战、如何面对人们的非议。

——小马丁·路德·金

养育孩子是世界上最伟大的工作。遗憾的是，这也是最辛苦的工作。作为教师和家长，当我们遇到困难和磨难时，我们要坚强，要毫不动摇地继续做必要的事情。教育孩子要乐观、通达并且有爱心。

我们如何避免在工作时筋疲力尽?

↓

关注具体，勇于说“不”，勇于放弃!

我热爱教学工作，我觉得自己很幸运，能够有机会和孩子们在一起，并有希望给他们的生活带来变化。教学工作对我来说是一种乐趣，也是一种特权，但是有时工作量太大，令人身心俱疲。我记得有些早晨，自己躺在床上，觉得压力很大，似乎都没有力量从床上起来了。我要处理日常难题，要连续工作 8 小时，还要为接下来的工作做充分准备；此外，我还没有批阅试卷，而学生们正等着拿回试卷；校长说她今天可能要来听我的课……只要一想到这些，我就觉得很难应付。教师有时会感到筋疲力尽，我想每个教师都会有这样的体会。付出如此多的时间、精力，全心投入一切工作，毫无疑问，日积月累，教师就会有疲惫感。

我们如何避免筋疲力尽? 我用过几个策略都很有效。我的第一个策略是我明白我们有时候要关注树木而不是丛林。有时我会因为很多孩子无人关注、教育体制中存在那么多的问题而感到失落。这些会使我感到迷茫，让我觉得根本不可能“挽救所有的孩子”。这时，通常我会让自己转移注意力，只关注我的班级中的学生，想想我能够怎样帮助他们每个人获得成功，这个任务更具有可操作性。

我的第二个策略是说“不”。对很多人来说，说“不”很难，但是有时我们需要意识到，如果我们承担了过多的任务，就会伤害学生，因为我们会减少本应该花在他们身上的时间。当有人让我参加另一个委员会或者承担另一项任务时，我的回答通常是："我现在和学生开展的许多活动占用了我大量的时间，我现在没有办法再去做这个。"教师不应该觉得这样的回答很不好。

我的第三个策略是勇于放弃。有时我同时要参加几个委员会和俱乐部的活动，同时要处理很多计划、项目，在这种情况下，我需要让这些活动都停止。我要退出这些活动，要有几天时间归自己支配。我不再很早到校，我只比学生早到 10 分钟；我备课时挑选最轻松的内容；学生离校，我也离校。我必须这样做几天，以使自己重新获得活力。这种情况并不常发生，但是当我觉得事情太多、压力太大时，我就会让自己休息一下。我并不让自己因为休息而感到惭愧。如果我适度调整自己的节奏，从长远来看，我会教得更好。这就像参加全美汽车比赛，如果你只是不停地开车，那最终你会用完汽油，汽车会出现故障，甚至出现车祸。你必须在途中做短暂停留，加油，这样你才能够完成比赛。就教学而言，如果你想坚持到学年末，你就必须适当地休息。如果你想把教学当作终生职业，那么就更应如此。

做法不被认可时，你该怎么办？

用结果证明你的做法是正确的！

我前面曾经提到，每年我都给学生布置任务，要求他们按照顺序记住美国所有总统的名字。我把班级中的学生分成几个组，每个组都有一名教师成员。任何一组只要其成员都能毫无遗漏地说出 42 位总统的名字，就可以参加大型比萨宴会。所有学生都努力背诵总统的名字，每组中的教师也在不断鼓励学生的同时努力记住总统的顺序和名字。实际上，这些教师每年都努力学习，只有一个人例外。这个项目开始的第一年，副校长华兹曼先生说尽管他特别忙，他仍愿意，而且也会做好准备准时来参加说出总统名字的比赛。

比赛开始的那天，所有学生和教师都按照顺序说出了所有总统的名字，我们欢呼着表示祝贺。还有最后一个人需要背诵名字，那就是华兹曼先生。我让他们组的一个成员去叫他，不久，他就走进教室，站在全班面前，笑得非常灿烂。他说："孩子们，我为你们为完成这项任务所付出的努力而感到自豪。现在，你们谁能连续说出10位总统的名字？"所有学生都把手举到了空中。看到这种情况，他似乎有点吃惊，又问道："那么，谁能够连续说出20位总统？"像闪电一样，所有学生的手都举了起来。华兹曼先生的脸色慢慢变了，他接着问道："有人能够说出每位总统的名字吗？"学生们的手再一次举了起来。当华兹曼先生开始说总统名字时，我很为他紧张，因为他似乎是努力地在记忆中黑暗的角落里搜寻那些名字。而后，出现了这样的情况："约翰·亚当斯，嗯，现在让我想一想，嗯，杰斐逊。不，等一下。杰斐逊，不，是哈瑞森……"华兹曼先生就这样结束了他的背诵。他低估了学生的能力，他根本没有准备，连前10位总统的名字都说不出来。学生们的脸上露出了吃惊的表情，他的小组成员们感到震惊，因为他们都不能去参加比萨宴会了。我向同学们解释说华兹曼先生特别忙，其他组员本应该和他交谈，让他知道他们都已经背熟了总统的名字，他记住这些名字对他们至关重要。实际上，我替华兹曼先生感到羞愧、难过。

第二天，我被叫到了华兹曼先生的办公室，我的感受发生了变化。我本以为他会为破坏了我们班级的完美记录而道歉，但是他却把厚厚的课程标准扔在我面前的桌子上，以上级的口吻对我说："克拉克先生，告诉我课程标准中哪一页说所有五年级的学生都要记住总统的名字？"我张开嘴，无话可说。他说得没错，这不在五年级教育内容的范围之内。我试着解释我的理由，想要说明这种做法非常有助于学生掌握美国历史。但是，我不得不坐在那里，花30分钟听他教导我说，不浪费时间、严格按照国家规定的内容讲课有多么重要。

此后，每当华兹曼先生走过我的教室往里看时，我都能感觉到他似乎要检查一下我正在那里做什么呢。受到质疑和怀疑令人感到可怕，我感到自己受到了侮辱。我一直努力工作，让学生们背诵总统名字的做法很有效，对学生有积极的影响，这些他都没有看到。那次经历使他很尴尬，因此他就惩罚我。我记得我的同事芭芭拉·琼斯对我说："克拉克先生，不要为此事烦恼了，否则你自己会生病的。还是关注你的那些学生吧，想想他们做得多么出色，他们都觉得自己做得很好。"我确实那样做了，我把所有的精力和心思都放到了孩子们身上。此外，我还做到了利用符合标准的材料进行教学。尽管在我看来能够说出所有总统的名字是一件好事，但我还是需要讲解课程标准要求学生知道的一切内容。这样，在我要求学生额外学习一些内容时，例如，背诵总统的名字。我就可以向华兹曼先生或者其他对我的做法持怀疑态度的人证明，我这样做没有错，因为我已经讲授了所有基础内容和国家课程标准要求的内容。

如何与难以相处的校长打交道？

↓

最好的方法是关注你的学生！

校长的工作难度令人难以置信。我觉得有时人们很难意识到校长所承担的责任和面对的压力。学校中总是不断有问题出现，无论问题在哪里出现，最终还是要由校长来解决。校长要处理方方面面的事务——财政预算、家长关心的事情、聘任教师、听课、教职工会议，以及纪律问题等。如果校长没有投入足够的时间和精力去处理某些领域的问题，那就很容易被挑出毛病。校长做出一项决定，而你不赞成这一决定，你可能会对校长不满。但是，多年的教师工作让我知道，有时校长及其他领导不能把做出某些决定的原因告诉大家，有时我们要信任并支持他们的判断。

即便如此，我们还是要记住，在每个行业里你都会遇到一些杰出人士和一些工作效率很低的人。有些学校很幸运，校长很有工作热情，致力于创建最好的学校环境，他们支持教师的工作，不断激励学生。而有些学校的校长却很固执，缺乏远见，他们更加关注的是自己的领导地位，而不是如何带领学校发展。

我在一所学校教书时，校长去听我的一位同事的课。在听课过程中，校长站起来说："亲爱的，你把我和孩子们都烦死了。下来吧。"然后，他走到教室的前面开始讲课。我曾经听到那位校长这样对教师们说："我希望你们明白这一点——这不是学生们的学校，也不是你们的学校。这是我的学校。"每次开会时，我和坐在一起的其他教师都对校长将要对我们说的话害怕得要死。我们都很担心，因为这位校长已经形成了习惯，总是把教师叫来当面羞辱——要求教师拿出教案，问教师如何在所有学科的教学中体现多元文化教育和区分学习需要。问题是无论教师如何回答这些问题，校长都会让教师感觉到自己很无能很尴尬。那种经历简直是噩梦。

遇到很支持教师工作的校长，这当然最好。如果校长与你做对，你的日子就不好过了。教师们怎样才能够既体现自己的意愿又不会被解雇呢？如果校长不赞成的话，教师们要怎样才能够在教学中使用新技巧、新方法呢？如果学校的氛围让教师觉得害怕、不舒服，那么他们又怎么能够自如地激励学生呢？我看到无数教师因为一个校长的负面影响而离开学校，他们说绝不会回来。有几次我也想辞职，只是因为想到了学生我才没有那么做。

对于所有新教师和那些面对的领导层很难相处的教师，我都要表示同情。下面的建议也许会帮助他们更加从容地面对学校的工作、生活。

1. 证实你自己。无论是一位新教师刚到一所学校，还是一位资深教师迎来了一位新校长，在一段时间内证实你自己都很重要。要做到这一点需要时间，有时，新教师不得不融入新的体制中，不得不在获得尊重和认可前压抑一下自己的创造性。然而，一旦校长看到了三个核心评价指标——高分数、良好的纪律和家长的支持，他们就会非常愿意让你“离经叛道”，依据你自己的风格和个性探索教学方式了。

2. 要保持低调。这是一条切实可行的建议。如果领导层很难沟通，很难允许变通，那么教师最好走进教室，关上门，按照自己知道的有效方法进行教学，但不要引起太多关注。

我见过很多大学毕业生，他们进入课堂时充满激情。他们觉得自己要在课堂上改变世界。我喜欢他们的这种态度，但是刚进入学校工作就制造麻烦，不是最佳方法。多数情况下，很多资深教师在学校已经工作了许多年，他们不喜欢改变。想要进入学校施展才华、迅速带来变化，是不切实际的。最好的方法是观察学校的情况，尽心地教学，等待时机，在赢得别人的认可和尊重后再对学校的环境进行改变。

3. 向同事寻求帮助和支持。如果一所学校的校长很难相处，教师们通常就会非常团结。有时比较好的方法是向同事诉说自己的挫折感。在这种环境下很可能大家都有同样的感受，彼此交流可以令大家获得安慰。

4. 努力争取领导的支持。有时，为了学生，教师有必要获得领导的好感。如果校长爱好体育，不妨尽量寻找机会和他一起从事体育活动。如果他看重分数，那就主动组织教师研讨会，讨论如何提高学生的分数。如果他喜欢展示学生的作品，那就在教室和走廊中设置大幅的学生作品展示板。为了赢得信任，自由地以自己喜欢的方式进行教学，有时你非常有必要争取校长的支持。刻意取悦校长似乎很不好，但只要你能够有机会为学生提供更好的教学内容，这样做就是值得的。

5. 关注你的学生。在有压力的环境下，最好的应对方法就是关注学生。我们进入学校是为了学生，他们给了我们灵感，为他们的生活带来变化是我们的首要职责。当经历挫折和不快时，教师应该记住自己正在改变学生的生活。在很多情况下，教师比其他任何人对学生的影响都大。让学生成为你的动力，他们会使你更加有信心、有能力应对来自学校大环境的压力和挑战。

体验与反思

- 当工作让你觉得筋疲力尽时，你会用什么方法让自己得到缓解？
- 当自己的工作得到上级的否定时，你是否会灰心丧气？
- 你的上级难以相处吗？你怎么与难以相处的上级打交道？
- 读完本章对通达的介绍，你有哪些收获与感受？是否引起了你的共鸣？

结束语

本书提到了教师的许多优秀品质，我想最能够生动体现教师特性的词语是激情。教师有了激情才会从事教学工作，家长有了激情才会付出毕生的精力来养育子女。重要的是，我们的心中有火一般的激情，头脑中有坚定的信念，这样我们才能从事教学工作，才能干好教学工作。

今年，我遇到了许多刚工作的教师，他们的眼中闪烁着希望的光芒。他们的声音中传达着兴奋之情，他们的心中涌动着要改变世界的激情。改变世界是可能的。一位教师的确能够对孩子产生影响，激励他们用同情心、感激之情、幽默和爱心来打动他们在生活中遇到的人。一位教师可以激励一个孩子寻求勇气、建立自信、承担责任，努力把教师带给自己的积极影响传递给周围的人。

我永远不会忘记欧文斯女士的激情，克拉克女士的友善，也不会忘记作为罗欧克女士的学生时所经历的冒险活动。我永远不会忘记父母对我的教导。他们对我非常信任，他们给了我无私的爱，这些，我永远不会忘记。这些我所尊敬和热爱的人对我产生的影响塑造了我，使我成为现在的我。所有孩子，无论他们是我们自己的孩子，还是我们的学生，都能够同样受到影响，我们确实能够使他们的生活发生重大改变。就孩子的未来而言，任何愿望都不算太高，任何梦想都不算太大，任何目标都并非无法实现。这就是教师的力量所在，这就是父母的魅力所在。

附录 A

实地考察提案

第一页：这一页必须看起来十分专业。它应该有一个正式的名称，如“华盛顿：我们来啦”。它还应该附带一些有名的景点照片，如华盛顿纪念碑、国会大厦、白宫等。记住：要把这些照片单独放在一个文件夹中。

第二页：这一页应该是一封给家长的信，信中要介绍关于旅行的一些情况，以及这次旅行与本学年的课程的关系。要切中要点：谁，什么事，什么时候，为什么，在哪里（你应该在此列示清楚你已经征询过哪些学生的监护人的意见）。

第三页：此页介绍此次实地考察的旅行如何开展，这是很重要的一部分。大家首先会问的问题可能是：“这次旅行要花多少钱，这些钱从哪里来呢？”要确保有一个列示清楚的花费清单。如果你需要租大巴车，提前给租车公司打电话，了解他们的报价。同时，还要给多家旅馆打电话，以便也获得他们的报价。要直接与他们的经理谈，让他们知道你会进行比价，这会有效降低花费。如果你觉得学生家长可以接受这些费用，那就告诉他们需要支付多少钱。在他们支付费用之前给他们三天时间。如果有家长负担不起这些花销，你需要收集需要募捐的名单。提前给出提示，有利于促进更多的学生及家长参与进来。你不能因为家庭负担不起费用而去剥夺一个学生参加学校旅行的机会。因此，你必须要提前寻找一些赞助者以备有学生的家长负担不起这次费用。

第四页：这一页应该介绍此次旅行的主要路线，而不是学生每天将要参观的景点。在某个项目下，比如自然历史博物馆，我将列出一些重要的学生感兴趣并且想去看的手工艺品。在制定线路时，你最需要考虑的就是学生的饮食问题。我发现，没有什么比饥饿更能毁掉一次旅行的了。吃饱了的团队将是一个快乐的团队，此时他们将有更多的精力，也会更有耐心。

第五页：这一页主要是一些问答。弄清楚学生最先会提问什么问题，然后给出答案。当我们带领 100 个学生去纽约的时候，我和我的搭档组织了一次会议专门来回答大家的问题，但是大家并没有问题。大家一致表示，这个提案已经很好地回答了大家的疑问。在这个提案上，你要做到的就是专业。当人们看到这个提案时会说："这次旅行绝对已经做好了周密的安排。"

第六页：这一页是关于征求意见的。我会给家长三个选择。

○我同意我的孩子参加这次旅行。

○我对让孩子参加这次旅行比较感兴趣，但是我需要考虑一下。

○非常感谢您的邀请，但是我的孩子将不参加这次旅行。

签字__________

我让学生在一礼拜后将结果反馈给我。

附录 B

有关实地考察的常见问题解答

问：学生可以带 CD 播放器和掌上游戏机吗?

答：可以。满载学生的大巴上，有些孩子安静地玩游戏比所有孩子大声喧哗要好多了。但是，提醒一下，如果丢了或被偷了，我们也无计可施。我们也没有办法为其他电子设备的丢失负责任。

问：这次旅行，我的孩子需要花多少钱?

答：不多于 30 美元。我不想有孩子拿着 100 美元，这会让一些学生感觉不舒服。一些家长说，想让他的孩子帮忙带纪念品。但是我觉得，让孩子专注于旅行，而不是时刻想着去哪里买纪念品要好得多。同时，家长要记得提醒孩子保管好自己的财物。

问：我的孩子将和谁同住一屋?

答：如果是高中以前，我会让一位家长与 3 个孩子住在一个房间。爸爸与自己的儿子睡，另两个男孩睡一张床。或者妈妈与女儿睡，另两个女孩睡一张床。如果有妈妈想跟自己的儿子一起睡，我会让这位妈妈补足自己的房费，因为这样这间房就只有他们两个能住了。我们不允许家长与不同性别的孩子住在一间房子里。安排住宿是一件很复杂的事情。我会让每个孩子写出 6 个他愿意与之一起住的同学，我在安排时会尽量尊重孩子们的意见。我告诉孩子们，安排一定确定了，任何人都不得有异议。我不想听到任何抱怨。

问：去拜访的城市的亲戚可以去探望孩子吗？

答：不可以。这个我强调了很多次了。任何情况下都不允许。一旦允许一次，就一发不可收拾，接下来就会是噩梦了。我曾经听到过，有学生说他有 10 年没有见到自己的外婆了，这可能是他见自己外婆的最后一次机会了。诸如此类的故事层出不穷。但是，大家要知道，这次旅行的重点是教育，而不是家庭聚会。通常，我们的票都是预订好的，多一个人都会打乱我们的计划。此外，如果先前不曾与这个人打过交道，也不能随意地便让他加入我们的队伍。

问：如果家里有更小的弟弟或妹妹想参加，可以自费参加吗？

答：不可以。只允许所在班级的学生参加。

问：孩子可以往家里打电话吗？

答：可以。因为我们很多时候一家酒店只住一晚，孩子最好有自己的电话卡。

问：孩子可以带照相机吗？

答：可以。同样，我们不为任何学生带的任何电子设备负责。

问：在出发前，孩子们有什么需要准备的吗？

答：我经常说，我希望每个学生在出发前都能为这次旅行做好充分的准备。我觉得这是最基本的。我也会告诉家长，不要因为孩子在家里闯了祸或不好好写作业就不让孩子参加这次旅行。有些孩子可能没有资格参加这次旅行，但是让他们去对他们来说会是一次难忘的经历，并且这也是一个帮助他们走回正轨的机会。我绝不希望我的学生错失掉这次机会。

问：我的孩子需要吃药，可以把这些药带上吗？

答：这可能有些复杂。这取决于你的状态以及药物的种类，父母可能需要陪同以便帮助孩子用药，或者指定一名护士。大多数服用的药不需要这么复杂的过程，但是孩子在某些状态下服特定的药需要父母或护士才能进行。有一年我就碰到了这个问题。但最终这个问题的解决方法是，孩子直接在六天的旅行中放弃用药。在旅行快要结束的时候，我成了那个需要用药的人。

对于这个问题的答案，还需要与学校进行确认。我告诉家长，他们需要填写一张用药的表格。这里面包含孩子的日常用药，以及孩子感冒时可以服用的药物等。列出的所有药物会被装进袋子里，并在出发前让家长确认。这样，药物就不会遗落在学生手中。监护人对药物进行保管。同时，还要列出医疗条件、社会安全号码、保险信息以及紧急联系人。这些表格将被复印，并装进三个文件夹里。一份留在学校的办公室，其他两份由监护人在旅行途中带着。绝对保证文件夹跟信息不会丢失。

有了上述问题的答案，将会给你的旅行节约很多时间与精力。

青少年核心素养教育系列图书

《强力大脑课堂：有效激发大脑潜能》

ISBN 978-7-121-35218-8

美国国家首席培训师、强力大脑健康项目主管戴夫·比尔带你认识强力大脑培养所需的 10 项基本要素，并辅以图文并茂的 30 个开发强力大脑的课堂活动。

《优秀是教出来的：创造教育奇迹的 55 个细节》（白金版）

ISBN 978-7-121-30811-6

获得美国“最佳教师奖”的罗恩•克拉克老师告诉你，优秀是教出来的，只要你注意书中介绍的 55 个创造教育奇迹的细节。

《青少年领导力：卓越领导五种习惯行为（第 2 版）》

ISBN 978-7-121-28314-7

本书旨在帮助学生了解领导力，助其将愿景转化为现实，将理念转化为收益，且其所有内容都基于实证。书中所写的一切内容、提出的一切建议都是有扎实的研究基础的基于作者或者其他人的研究。

本书为领越®青少年领导力课程配套读本。

《学生情商优势》

ISBN 978-7-121-28838-8

本书是学生情商培养的教学教材，专门为学生编写。本书将帮助学生理解和发展他们的情商，使他们获得更丰富的学习经验和卓越的学术成就。

配套课程资料

领越®青少年领导力

- 美国、新加坡等高校、社区大学、职业学校作为基本课程广为采用。
- 高互动性课程，体验式学习，实现快速的学生思维转变，为终身的领导力发展打下基础。
- 以培养学生领导力为核心，培养学生创新、询问、合作能力。

扫码了解领越®青少年领导力课程详情。

领越® SLPI 是青少年领导力评测工具。

扫码了解领越®SLPI 评测详情

学生情商优势

《学生情商优势》课程，通过自我评估、体验式学习、反思式倾听、开发式提高等多种形式，运用案例讨论等提升学生情商的各项能力。

扫码了解《学生情商优势》培训课程详情。

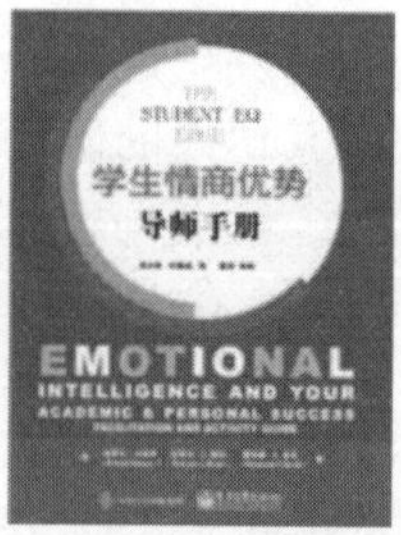

EQ-i: YV 是 MHS 公司的 18 岁以下青少年学生情商评测工具。

扫码了解情商测评详情。

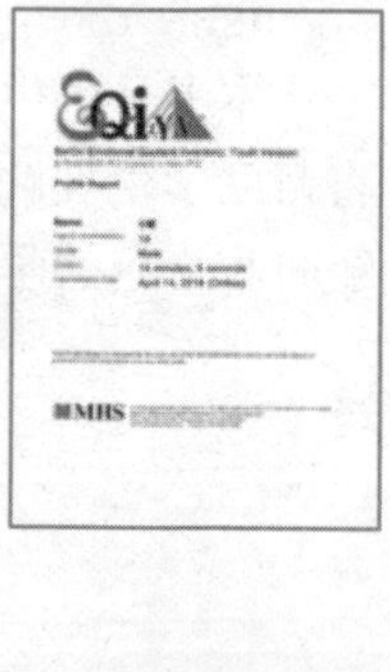